新时代智库出版的领跑者

智库中社 国家智库报告 2023（9）
National Think Tank

经 济

中国宏观经济与财政政策分析报告（2022）

闫 坤 等著

THE ANALYSIS OF CHINA'S MACRO ECONOMIC
SITUATION AND FISCAL POLICY (2022)

中国社会科学出版社

图书在版编目(CIP)数据

中国宏观经济与财政政策分析报告.2022／闫坤等著.—北京：中国社会科学出版社，2023.5

（国家智库报告）

ISBN 978 – 7 – 5227 – 1728 – 9

Ⅰ.①中… Ⅱ.①闫… Ⅲ.①中国经济—宏观经济—经济分析—研究—2022②财政政策—政策分析—中国—2022 Ⅳ.①F123.16②F812.0

中国国家版本馆 CIP 数据核字（2023）第 061692 号

出 版 人	赵剑英
项目统筹	王 茵 喻 苗
责任编辑	党旺旺
责任校对	王 龙
责任印制	李寡寡

出 版	中国社会科学出版社
社 址	北京鼓楼西大街甲 158 号
邮 编	100720
网 址	http://www.csspw.cn
发 行 部	010 – 84083685
门 市 部	010 – 84029450
经 销	新华书店及其他书店

印刷装订	北京君升印刷有限公司
版 次	2023 年 5 月第 1 版
印 次	2023 年 5 月第 1 次印刷

开 本	787×1092 1/16
印 张	13.25
插 页	2
字 数	121 千字
定 价	76.00 元

凡购买中国社会科学出版社图书，如有质量问题请与本社营销中心联系调换

电话：010 – 84083683

前　言

　　世界经济总因分歧与共谋而跌宕起伏，变幻莫测。为此，"中国宏观经济与财政政策分析"课题组自成立（2008 年）以来，以季度为单元，始终关注中国宏观经济的运行和世界经济的发展情况。对各国财政收支及风险情况、宏观调控的搭配框架以及财政政策的运行和调整方案等做了深入的跟踪分析，形成了系列季度报告。通过对各季度报告的整理编排，2008—2019 年间课题组每两年出版一本成果，2020 年起每年出版一本成果。本书由课题组 2022 年度的研究成果整理而成。

　　2022 年，俄乌地缘冲突升级叠加疫情全球蔓延，全球面临较多不确定性因素，世界经济复苏节奏放缓。2022 年全球供应链风险上升，能源、粮食供应减少并引发大宗商品价格飞涨。为抗击通胀，美联储开启加息周期，多国相继跟进加息，多国金融体系脆弱性和债务危机压力上升，并抑制世界经济需求。货币超发、供应链调整带来的通胀后遗症成为美、欧多国面临的主要经济问题。百年变局加速演变，世界局势不稳定因素较多，景气度下降，多国面临衰退或滞胀风险。

2022年，中国经济总量突破120万亿元，过去三年保持平稳增长。消费总量保持基本平稳，受疫情影响有所下行，增速有望触底回升，重回正常发展轨道。制造业投资支撑经济增长，经济增长新动能发展较快，但中小企业投资信心不及大中型企业，民间投资相对疲弱。基础设施投资发挥稳经济作用，下半年以来政策发力，基建投资提速。房地产业经历较大调整，销售、开发、投资等仍在下行通道，房地产业"野蛮生长"时代结束，政策扶持有望带动房地产业逐步好转，回归平稳发展状态。进出口在高基数基础上仍保持强劲韧性，总值再创历史新高，但高基数效应叠加外需下滑等因素可能导致出口增速边际回落。就业形势在下半年边际向好，但就业信心仍显不足。减税降费力度显著，多因素导致税收有所下滑，但公共预算收入平稳增长。

展望2023年，各国复苏将取决于地缘政治缓和、逆全球化下降、本国国内政治社会稳定以及高效的经济政策，否则很可能延续当前疲弱状态，而且假如发生俄乌冲突急剧扩大或能源等关键产业链供应链中断等重大冲击，全球或将加快进入衰退期。

党的二十大提出，从现在起，中国共产党的中心任务就是团结带领全国各族人民全面建成社会主义现代化强国、实现第二个百年奋斗目标，以中国式现代化全面推进中华民族伟大复兴。这为我们稳定经济增长和促进高质量发展指明了前进方向并注入了强劲动力。2022 年 12 月召开的中央经济工作会议指出，2023 年要坚持稳字当头、稳中求进，继续实施积极的财政政策和稳健的货币政策，加大宏观政策调控力度，加强各类政策协调配合，形成共促高质量发展合力。值得一提的是，2023 年新年开工后，各地纷纷召开"新春第一会"，中国吹响"全力拼经济"号角。我们预计，2023 年中国经济有望反弹式回升，经济增速有望达到 5.5%。

摘要：2022 年，是世界经济艰难前行、百年变局加速演变的一年。这一年，各国和地区出现了很多不同寻常的举动，俄乌冲突、美国加息、欧洲能源危机、全球通胀，等等。这一年，中国胜利召开了党的二十大，加速推进中国式现代化建设。2022 年中国经济总量突破 120 万亿，过去三年保持平稳增长，财政政策、货币政策和产业政策取得积极效果。但人口出现 61 年来首次负增长，长期增长压力凸显，依靠技术进步推动高质量发展任重道远。

关键词：中国宏观经济；全球经济；财政政策；高质量发展

Abstract：2022 is a milestone year in which the world economy moves forward with difficulty and the century-old changes accelerate. This year, countries and regions have seen a lot of unusual moves, the Russia-Ukraine conflict, the US interest rate hike, the European energy crisis, global inflation, and so on. In the same year, China successfully held the Party's 20th National Congress, accelerating the Chinese-style modernization drive. In 2022, China's economic aggregate exceeded 120 trillion yuan. In the past three years, China has maintained steady growth, and its fiscal, monetary and industrial policies have achieved positive results. However, the population has experienced negative growth for the first time in 61 years, and long-term growth pressure has become evident. It is still a long way to go to promote high-quality development through technological progress.

Key Words：China's Macro Economy; The Global Economy; Fiscal Policy; High-Quality Development

目　　录

2022年第三季度中国宏观经济与财政政策分析报告

2022年第四季度中国宏观经济与财政政策分析报告

2022 年第一季度中国宏观经济与财政政策分析报告

——超预期不确定性增多积极应对经济下行压力

内容提要：2022 年以来，俄乌地缘冲突升级叠加疫情全球蔓延，全球面临较多不确定性因素，供应链风险上升，能源、粮食供应减少并引发大宗商品价格飞涨，多国面临滞胀威胁，世界经济复苏节奏放缓。美联储启动加息进程，多国金融体系脆弱性和债务危机压力上升。中国第一季度 GDP 同比增长 4.8%，国民经济持续恢复，经济运行实现平稳开局。值得注意的是，当前超预期因素增多，尤其是疫情反复风险导致部分城市复工复产进程较慢，俄乌地缘冲突可能引发"蝴蝶效应"与全球政治和经贸秩序调整。在此背景下，要正视中国经济发展面临的困难挑战，居民消费复苏节奏较缓，制造业投资需求较弱，进出口周期性回落，就业压力增大，大宗商品价格上涨，第一季度取得当前经济成绩已属不易。同时也要看到积极因素并树立长期经济增长信心，中国经济韧性强、回旋余地大，多项经济政策已相继出台，社融持续增长，基建投资有所发力，房地产政策边际调整，制造业和消费的新兴产业正高速增长，物价相对可控。财政方面，一季度财政收入保持平稳增长，但3月受疫情影响边际回落。同期财政支出加大力度，支出进度加快。财政政策保持积极，继续实施减税降费政策，专项债提前发力，稳定经济增长。政策方面，中国经济发展面临内外部多重超预期因素，更需要以确定性政策应对不确定性形势，把握好宏观经济发展主动权，支持中国经济平稳发展。

关键词：超预期；不确定性；俄乌冲突；疫情；稳增长

2022年第一季度，俄乌战争、疫情反复等超预期因素增多，全球面临经济增速放缓，通胀高企等压力，同时美联储加息导致世界金融体系不确定性增加。中国牢牢把握经济发展主动权，第一季度GDP增速4.8%，已实属不易。3月以来，疫情防控形势更加复杂，中国原有的经济复苏节奏遭受扰动，面临消费和制造业投资等边际放缓、房地产投资下行、大宗商品价格居高不下、就业压力上升、进出口周期性回落等压力。但中国目前CPI保持平稳，社会融资规模增长有效支撑实体经济融资，就业形势仍在可控区间，基建投资逐渐发力，高端制造业高速增长，产业结构转型稳步推进，货币、财政等政策空间仍然充足。既要正视中国经济客观存在的下行压力，充分预计国内外超预期因素的复杂性；又要对中长期经济增长保持信心，保持宏观政策稳健有效，以更大力度积极应对经济下行，推动中国经济增长"稳中求进"。

一 全球面临较多不确定性因素，经济复苏节奏放缓

2022 年以来，俄乌地缘冲突升级叠加疫情全球蔓延，全球面临较多不确定性因素，供应链风险上升，能源、粮食供应减少并引发大宗商品价格飞涨，多国面临滞胀威胁。世界经济复苏节奏放缓，国际货币基金组织 4 月将全球 2022 年经济增速预期下调 0.8%，欧美多国经济增速预期随之下调。此外，美联储启动加息进程，多国金融体系脆弱性和债务危机压力上升。

1. 世界经济复苏节奏放缓

俄乌地缘冲突发展态势超过世界预期，让本已受疫情冲击的全球性、区域性产业链、供应链、价值链"雪上加霜"，使原有经济复苏进程大幅波动。一方

面，俄乌战争的紧张局势跨越国境，大宗商品市场、贸易和金融联系均受波及，能源和粮食价格快速上涨，贸易和部分金融往来中断，低收入国家和弱势群体受到的打击最为明显。同时，俄乌战争导致逆全球化和政治集团分割加剧，尤其是俄罗斯被欧美各国排除至环球银行金融通信协会（SWIFT）系统之外，可能因此引发多国对全球公共基础设施使用权的担忧，并可能因此出现多个技术标准、跨境支付体系和储备货币，国际治理体系和商贸规则不稳定性增大，全球经济往来的总体效率下降。另一方面，疫情暴发后多国采取的激进财政刺激政策和货币超发蕴藏了经济体发展分化、金融体系脆弱性上升和债务危机等后遗症。在美联储加息和俄乌战争影响下，相关"后遗症"可能更加严重或显性化，甚至引发思潮变革、政治冲突和社会动荡。此外，新冠肺炎病毒变异和防疫封锁措施的不确定性对经济生产仍有干扰，全球经济复苏不确定性加大。

在此背景下，全球经济复苏节奏更加趋缓。国际货币基金组织 4 月最新估算，2022 年和 2023 年全球经济增长均为 3.6%，分别较 1 月发布的预测下调 0.8 个和 0.2 个百分点，预计 2023 年之后全球经济增速进一步放缓，在中期回落至 3.3% 左右。OECD 调查显示，第一季度综合领先指标、商业信心指数、消费者信心指数均逐月下降，其中消费者信心指数已不及 100，相关指标均显示经济回调压力加大。摩根大通全球制造业 PMI 和服务业 PMI 自 2020 年 7 月以来高于荣枯值，但 3 月边际有所回落，分别为 53.4 和 53。全球风险感知调查（GPRS）显示，仅有 16% 的受访者对未来经济发展表示乐观和积极，11% 的受访者认为世界经济复苏将会加速，大部分受访者认为未来三年世界经济将会持续波动、意外性上升和趋于分化。

分国家和地区来看，美国经济复苏节奏进一步放缓。国际货币基金组织 4 月最新估计 2022 年美国 GDP 实际增长率为 3.7%，较 1 月预测下调 0.3 个百分点，中小企业乐观指数在第一季度延续 2021 年年中以来的下行态势。各项刺激政策退坡后，高通胀可能抑制居民消费需求，密歇根大学消费者信心指数延续 2021 年第二季度以来的下行态势，连续 3 个月下滑至 59.4，不及 2021 年下半年 67—73 的运行区间，跌至近十年的低位。美国就业形势平稳，劳工部统计的失业率季调数据延续 2021 年的好转态势，3 月失业率为 3.6%，低于 2021 年年末的 3.9%，其中较难就业的青少年和黑人、非洲裔失业率也下滑至近十年来较低位，分别为 10% 和 6.2%。但美国劳动力市场扭曲仍未缓解，BEA 数据显示，2022 年 3 月劳动参与率 62.4%，环比 1—2 月下降 1 个百分点，2022 年第一季度职位空缺率与 2021 年下半年以来基本持平，持续处于 7% 左右的历史数据高位，劳动参与率不足，出现劳动力短缺。2021 年 6 月以来岗位空缺数超过 1000 万个，且空缺人数仍在走高，2 月达历史新高 1127 万，空缺数自 5 月以来超过登记失业人口数，且二者缺口逐月走阔，2 月岗位空缺数是登记失业人数的 1.8 倍。

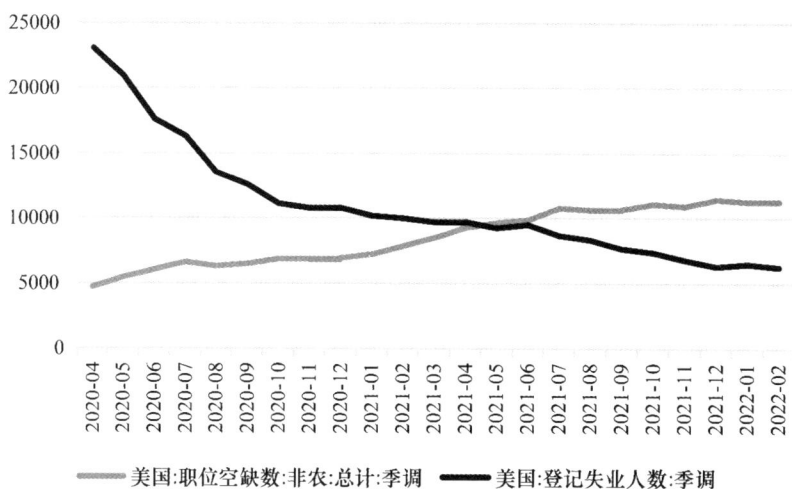

图 1-1 美国劳动力市场扭曲情况

数据来源：Wind。

欧洲直接受俄乌战争影响，经济复苏节奏放缓更甚。国际货币基金组织 4 月估算欧元区 2022 年 GDP 增速为 2.8%，较 1 月预测下调 1.1 个百分点，下调幅度超过美国。2 月失业率为 6.8%，低于疫情前水平。欧元区制造业 PMI 第一季度各月均高于 50，服务业 PMI 则自 4 月以来处于景气区间，经济景气度较高。但 19

国工业生产指数同比增速自 2021 年 4 月以来走低，1 月已跌为负值 -1.3%，尤其是俄乌地缘冲突升级为战争后，欧元区投资者信心指数在 3 月大幅下滑至 -7%，环比波动超 23 个百分点。分国家来看，作为欧元区重要经济引擎的德国、法国、意大利经济预期走弱并都面临高通胀影响，国际货币基金组织分别将其 2022 年经济增速下调 1.1、1.7 和 0.6 个百分点至 2.1%、2.9%、2.3%。其中，德国方面，由于俄乌战争，天然气等能源出现供给中断，叠加疫情背景下全球供应不稳，德国经济复苏受到明显抑制，3 月以来德国经济景气指数环比有所下滑；消费者信心指数则在第一季度期间延续下滑态势；受国外订单下降影响，第一季度制造业订单指数也有所下降。法国方面，法国经济景气指数自 2021 年年末以来持续下滑；OECD 综合领先指数自 2021 年 10 月以来逐月下滑，2022 年以来跌入 100 以下区间。此外，IMF 预测受到俄乌冲突直接影响的俄罗斯，2022 年经济增速从 2.8% 下调至 -8.5%。

2. 俄乌冲突与全球疫情双重冲击超预期，加剧全球供应链风险

俄乌冲突形势超预期，加剧世界供应体系混乱。俄罗斯是天然气、石油等能源和铝业、加工镍等金属的重要出口国，乌克兰则是小麦、玉米等粮食和汽车

线束、氖气等工业要素的重要供应国，两国在全球产业链中主要处于上游。受地缘冲突影响，两国对外贸易均有不同程度中断，并可能影响俄乌两国的工业开工和粮食生产，加剧供给短缺。西方对俄罗斯的制裁进一步加剧了世界物流体系的混乱，石油、天然气等大宗商品供求不平衡。海运方面，马士基、地中海航运等航运龙头暂停俄罗斯货物订单；空运方面，俄罗斯与美国、加拿大、欧盟等国家互相关闭领空；地面运输方面，部分铁路服务运营受到影响。地缘冲突导致世界商流、物流受阻并引发"次生灾害"层层传导。欧洲、高加索与中亚、中东和北非以及撒哈拉以南非洲的大宗商品进口国受影响最大。粮食供应减少导致非洲等贫困地区温饱压力上升，尤其是长期以来依赖乌克兰粮食进口的国家甚至可能因粮食问题出现社会动荡。此外，氖气供应减少或将加剧芯片和半导体短缺，汽车线束供给不足可能加大部分汽车生产企业开工压力，世界工业体系遭受冲击。

同时，新冠疫情仍在全球肆虐，世界产能尚未完全恢复。第一季度以来中国多省市出现疫情，经济复苏原有节奏中断。中国部分区域施行静态管理，商贸往来、货物运输等经济活动暂时性停滞。特别是，受疫情波及的中国经济发达的长三角和珠三角地区，是"世界工厂"的重要部分。相关区域制造业、工业、商贸等被迫中断，"缺料缺货"的全球供应链风险进一步上升。如江苏部分市县居家办公，世界可能因此出现面板、PCB、电子代工、笔电零组件等供应短缺；部分海港因隔离等要求而劳作放缓，导致集装箱滞留中国港口，世界物流节奏有所放缓。2022 年第一季度，花旗全球供应链压力指数整体呈上行态势。全球海运成本上升，波罗的海干散货指数 BDI 自 1 月下旬以来触底反弹，结束 2021 年下半年以来的下行态势，供应交付时间延长、库存压力增大等困境增多。

3. 粮食、原油等大宗商品价格持续上涨，滞胀风险成为多国共同挑战

多国物价形势严峻，存在"工资—物价螺旋式"通货膨胀风险。国际货币基金组织 4 月估算，2022 年发达经济体的通胀率预计为 5.7%，新兴市场和发展中经济体的通胀率预计为 8.7%，二者较 1 月的预测值分别高出 1.8 和 2.8 个百分点。就当前而言，3 月美国 CPI 同比增速达 8.5%，创下近 40 年来新高；欧元区调和 CPI 同比增速攀升至 7.5%，创下该数据历史以来最高值；德国、法国、英国 3 月 CPI 同比分别增长 4.5%、7.3% 和 7%，均创 20 世纪 90 年代中期以来的新高。从美国 CPI 分项来看，3 月能源分项和交通运输分项 CPI 同比增速分别高达 32% 和 22.6%，食品和饮

料 CPI 增速高达 8.5%，住宅和服装 CPI 分别上涨 6.4% 和 6.8%，物价上涨已对美国居民的吃、穿、住、行等多个方面造成严重冲击。伴随物价上涨，劳动力薪资水平也在上升，亚特兰大联储薪资增长指数自 2021 年下半年以来呈上扬态势，2022 年 3 月达 6%，创下 1997 年有数据以来的最高值；欧元区每小时劳工成本指数持续爬升，到达历史高位。物价与薪酬接连上扬，可能进一步加强通胀的自我强化和预期自我实现，通胀治理难度上升，导致企业用工成本上升和供给收缩，并可能抑制经济需求。

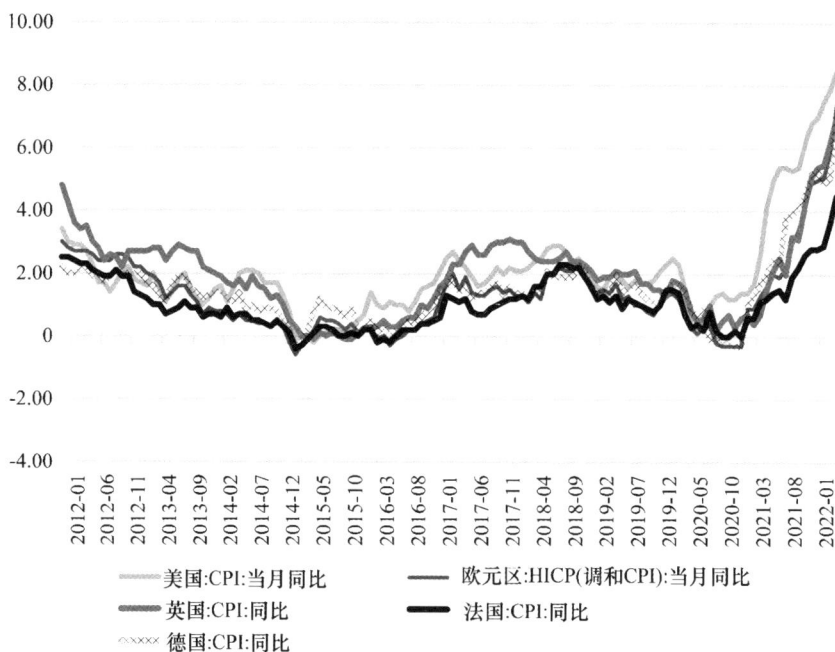

图 1-2　多国 CPI 增速

数据来源：Wind。

本轮通胀风险同时存在货币因素、需求因素和供给因素，尤其是疫情叠加地缘政治导致供应较大短缺。疫情暴发以来，多国采取了较为激进的刺激政策，美欧多国央行资产负债表急剧扩张，货币流入实体经济影响物价水平，并不断刺激经济需求，形成需求拉动型通胀压力。同时，疫情导致全球产业链、供应链、价值链中断和原有贸易体系错乱，世界供应问题尚未彻底缓解，俄乌冲突使大宗商品通胀风险"雪上加霜"。第一季度 CBOT 大豆、小麦、玉米的期货结算价整体呈迅速上涨态势，季度内峰值均创下近 10 年来新高，最高涨幅分别达 27%、71% 和 29%，NYBOT 棉花、糖的期货合约价自 2020 年疫情暴发以来持续上涨，2022 年第一季度创下近 6 年来最高值，部分国家出现"粮食危机"。

此外，俄罗斯与西方各国之间的制裁与反制裁措施导致全球石油、天然气等大宗商品出现供给收缩，甚至部分区域面临中断风险，部分国家出现"能源危机"苗头。第一季度布伦特原油期货结算价节节攀升，高点接近 130 美元/桶，NYMEX 天然气期货价格一路上扬，达到次贷危机以来最高值。全球石油、粮食等原料价格进一步走高，尤其是全球贸易关系调整致使航运费用、贸易时间周期等交易成本上升，成本推动型通胀风险上升，并传导至部分行业和区域。全球风险感知调查（GPRS）显示，大宗商品价格冲击、物价不稳定和债务危机已成为世界短期核心风险点。

4. 美联储启动加息进程，世界金融体系脆弱性和债务危机压力上升

当前，尽管美国经济复苏受到俄乌战争、疫情等不确定性因素扰动，但依旧延续复苏态势，失业率在较低水平并接近自然失业率。与此同时，美国却面临数十年来最高通胀压力，尤其是短期内能源、粮食等大宗商品价格居高不下。在就业与通胀的权衡中，以货币手段压制通胀成为美联储的优先选项。此外，当前美国金融状况良好，圣路易斯联储发布的金融压力指数在第一季度持续处于负值区间且呈下行态势，金融压力低于历史平均水平，这为美国加息提供了时间窗口。2022 年以来，美联储已于 3 月中旬加息 25 个基点，联邦基金利率从 0.08% 上调至 0.33%。尽管当前十年期美债收益率隐含长期通胀率预期在 2.8% 左右，但当前通胀水平高企，只有通胀见顶回落，加息进程可能才会结束，金融市场预期美联储将在 2022 年剩余的 FOMC 会议上进行数次加息。受加息预期影响，十年美债收益率提前兑现预期，第一季度大幅上涨近 70 个基点，其中实际利率上行贡献 45 个基点，

预期通胀率贡献约 25 个基点。受美国资产基准收益率回升影响，国际资本逐利回流美国，美元指数持续攀升，并于本报告发文时的 4 月迈过 100 大关，欧元、日元、英镑、瑞士法郎均对美元贬值，其中美联储和日本央行对货币政策存在分歧，日本希望维持货币宽松以刺激经济需求、通胀率回升，以致一季度日元贬值幅度近 10%。

诸多国家央行跟随美联储加息，全球货币政策转向，融资环境收紧，资产价格波动和金融市场脆弱性上升。当前，全球债务杠杆率较高，加息可能引发金融风险显性化。根据国际清算银行数据，截至 2021 年 9 月，欧元区政府部门杠杆率从疫情前的 85.7% 上升近 12.1 个百分点至 97.8%。新兴市场政府部门杠杆率自疫情暴发以来上升近 10 个百分点至 63%，创 20 余年以来新高，非金融企业部门杠杆率较疫情前上升近 8 个百分点至 112.5%，新兴市场金融脆弱性较大。美国国债总量已超过 GDP 总额，2021 年 9 月末政府部门杠杆率高达 116.7%，加息导致财政利息压力加大。要特别关注的是，发展中国家在历次美元加息周期中都常见资本外流、资产价格下跌、外债负担加重等金融创伤，并可能危及实体经济。

图 1-3 新兴市场杠杆率

数据来源：Wind、国际清算银行。

二 地缘政治等超预期因素增多，中国经济爬坡过坎

第一季度中国 GDP 同比增长 4.8%，国民经济持续恢复，经济运行实现平稳开局。值得注意的是，当前超预期因素增多，尤其是疫情反复导致部分城市复工复产仍在推进进程中，俄乌地缘冲突可能引发"蝴蝶效应"和全球政治经贸秩序调整。在此背景下，取得当前经济成绩已属不易，要正视中国经济发展面临的困难挑战，诸多不确定性因素可能制约中国消费复苏节奏，导致制造业投资放缓，进出口高位周期性回落，就业压力增大，大宗商品价格上涨。同时也要看

到积极因素并树立中长期经济增长信心，中国经济自身韧性强、回旋余地大，当前多项经济刺激政策已相继出台，社会融资规模持续增长，基建投资有所发力，房地产政策边际调整，制造业、消费转型升级相关的产业正高速增长，物价相对可控。

1. 第一季度中国经济实现良好开局

第一季度国内生产总值270178亿元，按不变价格计算，比上年增长4.8%，经季节调整，第一季度GDP环比增长1.3%。分产业结构来看，第三产业对经济增长贡献最多。一是第一产业增加值占比较低，对GDP增速拉动效应出现季节性下降。第一产业增加值10954亿元，比上年增长6.0%，占GDP的比重为4.1%，拉动GDP增速0.3%；对GDP增速贡献率为5.8%，较2021年全年下降0.9个百分点。二是第二产业是经济发展中坚力量，对GDP增速贡献上升。第二产业增加值106187亿元，增长5.8%；占GDP的比重为39.3%，同比提高2.0个百分点，拉动GDP增速2.1%；对GDP增速贡献率为45.4%，较2021年全年上升7个百分点。三是第三产业增加值占GDP的比重过半，是经济增长的第一大贡献力量。第三产业增加值153037亿元，增长4.0%，占GDP的比重为56.6%，拉动GDP增速2.4%；对GDP增速贡献率达

48.8%，较 2021 年下降 6.1 个百分点。

分行业来看，工业对 GDP 增长的贡献占比上升。工业对 GDP 增长贡献率达 44.02%，较 2021 年提高 7.51 个百分点。工业是长期以来 GDP 增速的第一大贡献行业类别且重要性愈发上升。需要关注的是，3 月以来多省市出现疫情，城市商贸往来遭遇冲击，线下消费减少，住宿和餐饮业对经济增长贡献由正转负，为 -0.1%，批发和零售业经济贡献度则较 2021 年下降 5.2 个百分点至 8%，贡献率远不及疫情前水平。此外，房地产业处于走向良性发展的转折期，对经济增长的贡献由正转负，为 -3.27%。金融业、IT 业受疫情冲击较小对经济增长贡献率回升，较 2021 年分别上升 5.07 和 2.09 个百分点至 9.95% 和 10.08%。从"三驾马车"来看，消费和投资对经济增长贡献上升，净出口对经济增速的贡献明显下降。全年来看，最终消费支出、资本形成总额、货物和服务净出口对经济增长的贡献率分别为 69.4%、26.9% 和 3.7%，较 2021 年分别变动 4、13.2 和 -17.2 个百分点，并分别拉动经济增长 3.3%、1.1% 和 1.69%。

2. 消费实现开局复苏，但受超预期疫情影响有所回落

第一，消费逐步复苏，发挥经济压舱石作用。第一季度社会消费品零售总额达 108659.1 亿元，较疫情前 2019 年水平增加 11 个百分点，同比增速为 3.27%。分结构来看，一是必选消费平稳复苏，第一季度限额以上粮油食品类零售额和饮料类零售额同比增速 9.35% 和 11.82%，高于消费整体增速，必选消费具有一定抗周期性。二是受经济下行压力影响，可选消费对经济周期敏感，部分行业零售增速较低。汽车方面，限额以上汽车类零售同比增速仅有 -0.3%，低于整体增速，乘联会数据显示乘用车零售累计同比增速自 2022 年以来由正转负。石油方面，受石油价格上涨影响，石油及制品类零售额累计同比增速达 19.74%，远高于整体增速。地产方面，相关消费增长相对疲软，家具类零售额同比增速为 -7.05%，建筑及装潢材料类零售额同比增速仅有 3.79%。

第二，线上消费迅猛发展，疫情反复影响线下消费复苏。近年来，数字经济和网络购物维持迅猛发展态势，2021 年之前实物商品网上零售额累计同比增速持续高于社会零售总体增速。2021 年，中国统筹疫情防控和经济发展，线下消费"反弹式"复苏，社会零售总体增速暂时性高于网上零售。2022 年以来，疫情导致的基数效应逐步减弱，第一季度网上零售额同比增速约 6.6%，高于社会零售整体增速 3.27%，恢复至疫情前线上消费增速高于线下消费增速的常态。值得注意的是，疫情暴发以来，线下聚集性消费遭受冲击，而消费者线上购物习惯进一步扩大，线上零售额占总体零售额的比重持续高于20%，明显高于疫情前水平。也要关注的是，随着互联网覆盖率逐渐到顶，流量红利逐渐减弱，近年来网上商品零售额同比增速整体呈下行态势。线下消费方面，餐饮业等线下消费业逐步复苏，1—2月同比增速已逐步恢复至疫情前水平。但3月以来，中国吉林、上海、广东、山东、河北、天津等多省市出现疫情，部分城市采取居家办公、不聚餐、不聚集等防控措施，线下消费场景减少。人民银行调查显示，预计未来3个月增加旅游支出比重的储户占比下降至17%，甚至低于疫情暴发的2020年第一季度，为历史数据最低值。此外，受疫情防控影响，春节返乡过节人数不及疫情前水平，节日消费受到一定影响，如2022年春节档电影票房收入同比2021年下降超两成。

第三，3月以来消费和服务业遭受超预期疫情冲击，居民消费意愿有所下降。3月以来中国多地出现疫情，作为经济增长重要区域的长三角地区和珠三角地区成为疫情重灾区。3月社会消费品零售总额同比增速为－3.5%，是2020年8月以来该数据首次出现负增长，环比下降1.93%。部分城市物流体系遭受冲击，货运成本和外卖成本走高，商贸往来和生产生活遭受影响。部分小微经济主体遭受生产成本、人力成本、房租成本等刚性成本的多重叠压，营收锐减并亏损扩大。服务业等接触型经济受创，3月统计局和财新调查的服务业 PMI 均跌落至荣枯线以下，尤其是财新服务业 PMI 仅为 42，为复工复产以来最低值，拖累因素主要是新订单和从业人员分项 PMI 指数不及 50。第一季度餐饮收入同比增速仅有 0.54%，其中 3 月同比增速 −16.38%。疫情不仅影响消费、服务业等，也影响了居民市场信心，部分居民收入下滑，谨慎情绪升温，居民预防性储蓄意愿上升，消费倾向下降。第一季度全国居民人均可支配收入增速仅有 6.3%，较 2021 年下滑了 2.8 个百分点，并低于疫情前水平。根据人民银行季度统计调查显示，居民未来信心收入指数连续三个季度低于 50，预期相对保守；倾向于"更多储蓄"的居民占比达 54.7%，比重连续四个季度上升，为近 20 年最高值。

3. 制造业持续复苏并向高质量方向演进，超预期疫情对复苏形成制约

第一，第一季度制造业投资增速有所回升，3 月受疫情影响边际回落。第一季度制造业固定资产投资同比增速达 15.6%，明显高于 2021 年第四季度水平，制造业投资进一步转暖。同时制造业投资增速远高于

全行业固定资产投资同比增速的9.3%，对地产和基建投资形成"补位"，成为投资复苏的主力之一。第一季度工业增加值增速6.5%，其中制造业分项增速为6.2%，高于GDP增速水平，对经济增长形成拉动效应。同时，制造业贷款需求强劲，人民银行调查的制造业贷款需求指数达70.3，为近一年以来最高值。从经济景气调查来看，中国企业经营状况指数BCI自2021年11月触底以来，整体呈复苏态势，第一季度持续高于50。但3月以来，制造业投资有所减弱，3月BCI环比回落至51.25，为近4个月最低值。1—2月制造业PMI处于荣枯线以上，并已连续4个月高于50，但3月以来疫情多地暴发，制造业PMI重落收缩区间49.5。同时，3月新订单PMI和生产PMI重回荣枯线以下，制造业供、需均有转弱。

第二，中国制造业正在向科技创新方向演进，但受疫情影响边际放缓。第一季度高技术制造业固定资产投资增速高达32.7%，约为制造业全行业增速的2.1倍，同期高技术产业工业增加值增速为14.2%，约为制造业整体增速的2.2倍，装备制造业工业增加值增速运行区间也持续高于工业整体增速。从PMI指标来看，第一季度各月高技术制造业PMI均在景气区间，3月受疫情影响边际回落至50.4，但仍高于制造业总体PMI。但3月以来，疫情对新兴产业影响仅次于 2020 年 2 月，3 月战略性新兴产业 EPMI 仅有 49.5，生产量、产品订货、进口、就业等分项均跌至收缩区间，自有库存维持高位，出现被动补库存特征。分产业来看，新兴产业 7 个产业有 3 个产业 PMI 指标高于 50，相比 2 月有 5 个产业高于 50，景气行业有所减少。

第三，制造业投资外向型依赖依旧存在，国内面临疫情反复的经营风险。第一季度工业出口交货值依旧保持同比 10.8% 的两位数高速，较 2021 年全年水平下降 4.7 个百分点，但依旧远高于疫情前的个位数增速水平。但新出口订单 PMI 已连续 12 个月低于 50，处于收缩区间，微观主体对出口创收的预期持续下降，人民银行调研的出口订单指数为 40.9，连续三个季度下降。国内需求方面，第一季度工业企业产销率累计同比为负值 -1.7%，3 月社会用电量同比增速为 3.5%，环比回落 13.4 个百分点，制造业开工较弱。人民银行国内订单指数为 41.4，为近两年来最低值，制造业需求偏弱。3 月以来上海、吉林等地疫情形势复杂，区域性防控措施升级，轮休减产和居家办公，经济循环可能部分受阻，尤其是上海作为经济金融中心，在经济体系中承担枢纽功能，周边长三角城市则是重要的工业、制造业基地，疫情导致的区域性经济问题或传导至更多地域和行业，制造业经营困难增加。根据人民银行的季度问卷调查，2022 年第一季度企业

家宏观经济热度指数与银行家宏观经济热度指数均不
及 50，且环比连续三个季度下滑。

第四，大中型企业与小微企业复苏态势分化明显。
第一季度各月小型企业 PMI 均不及 50，3 月为 45.6，
已连续 11 个月低于荣枯值，且小型企业新订单、新出
口订单、在手订单、采购量等多项分项指标处于收缩
区间，但主要原材料购进价格 PMI 高达 62.9，面临明
显成本压力。同时，受疫情影响，中型企业 PMI 时隔
4 个月后首次回落至收缩区间。与中小微企业景气悲
观相反，除 2021 年 9 月大型企业 PMI 短暂低于 50 以
外，第一季度大型企业 PMI 各月均高于荣枯值，显现
出大型企业抵御风险的强大韧性。实体经济呈现出规
模分化特征的马太效应，中小微企业经营困难。渣打

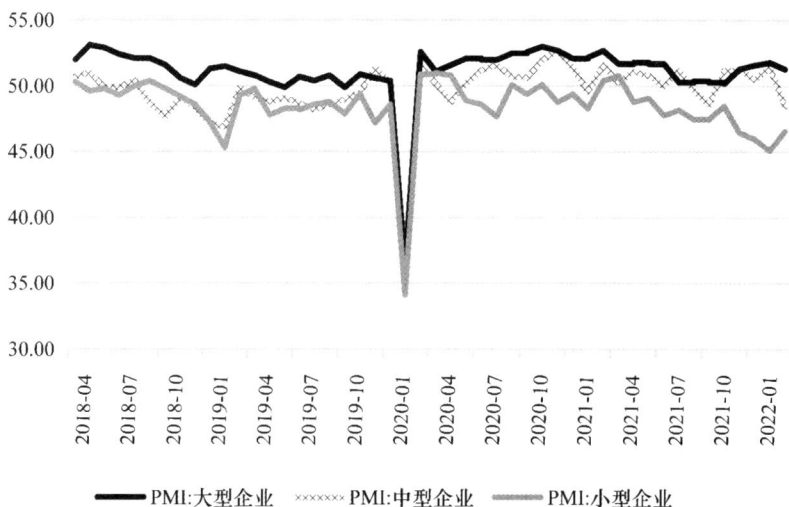

图 1-4　不同规模的制造业企业景气度

数据来源：Wind。

银行发布的中国中小企业信心指数近年来整体呈波动下行态势，显示中小企业发展预期不容乐观，中小企业协会公布的中国中小企业发展指数则尚未恢复至疫情前水平，显示中小企业受疫情影响更大且恢复力度不足。

4. 基建投资有所发力，仍有一定提升空间

第一，基础设施建设投资发力，专项债尽早发行保障基建资金。随着天气转暖，复工复产逐步推进，政策要求基建"适当超前"和专项债尽快形成实物工作量，基建投资保持较高增速。第一季度基础设施（不含电力）固定资产投资完成额同比增速达8.5%，高于GDP整体增速，较2021年全年同比增速0.4%、两年平均增速–0.3%的水平明显抬升，自2021年下半年以来的基建投资下行态势结束。景气调查显示，第一季度各月建筑业PMI均维持在55以上高景气区间，新订单、业务活动预期等分项均处扩张区间。从资金来源看，基础设施建设投入明显增加。第一季度公共财政支出同比增速达8.3%，较上年同期高2.1个百分点，基建类支出占比21.4%。地方政府融资维持"开正门、堵偏门"取向，整体来看地方政府融资力度较大。一方面地方债①发行节奏明显快于2021年，

———————

① 按Wind公司口径统计。

第一季度发行 1.82 万亿元，同比增长 104%，净融资额高达 1.67 万亿元。另一方面，在加强地方政府隐形债务风险防控的背景下，第一季度城投类信用债①发行 1.42 万亿元，同比减少 8.7%，净融资约 0.6 万亿元，同比减少约 1100 亿元，匹配合理融资需求和债务接续风险。贷款方面，第一季度人民银行调查的基础设施贷款需求指数创下近一年新高，为 67.3。

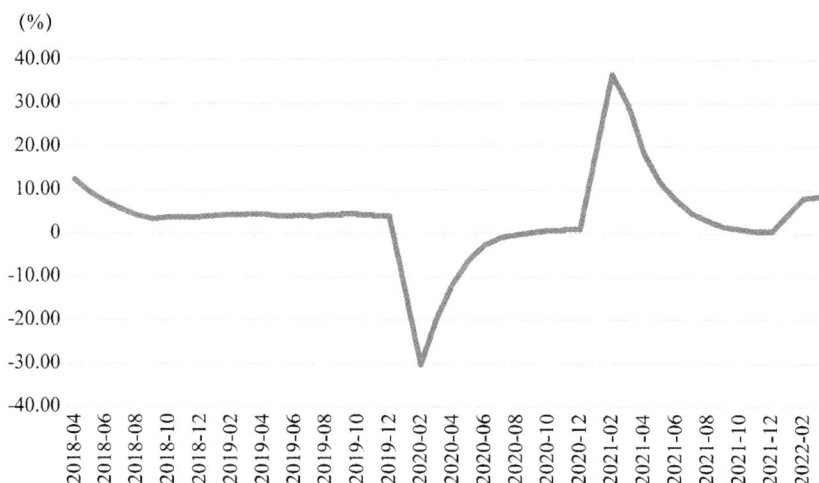

图 1-5　基础设施（不含电力）固定资产投资完成额累计同比增速

数据来源：Wind。

　　第二，钢铁行业量价边际走高印证基建有所发力，但钢铁行业开工率和景气度仍较为疲软。第一季度以来，重点企业粗钢日均产量呈上行态势，季末达 200

---

①　按 Wind 公司口径统计。

万吨/天，第一季度运行区间为 190 万—210 万吨/天之间，环比 2021 年第四季度 170 万—210 万吨/天的运行区间有所上升。价格方面，受疫情反复和国际局势影响，叠加国内需求上升，铁矿石综合价格指数自 2021 年年末以来重回上升轨道，第一季度末价格较疫情前 2019 年年底水平高 50%，螺纹钢价格、热轧本卷价格在第一季度随铁矿石价格走高。但钢铁行业仍在收缩区间，产能利用方面，全国 247 家钢厂高炉开工率第一季度运行区间为 68%—79%，与 2021 年下半年运行区间大致相同，暂时未有明显抬升。3 月末钢厂产能利用率不及 60%，仍不及疫情前水平，全国螺纹钢主要钢厂开工率和全国线材主要钢厂开工率自春节后以来有所上升，但季末开工率分别不及 56% 和 60%，与第四季度水平相近，环比没有明显转暖。景气调查显示，第一季度钢铁行业 PMI 持续低于荣枯值。库存方面，钢材库存水平有所上升，季末库存达 1700 万吨水平，约为 2021 年年末水平的两倍。

第三，水泥、混凝土、沥青等基建原料量价均处下行区间，挖掘机销量等中高频指标表明基建进度仍有提升空间。全国水泥价格指数自 2021 年 10 月初以来进入下行通道，春节后价格指数小幅反弹，但下行趋势仍未能得以确认扭转，尤其是华北、西北、京津冀等区域的水泥价格指数仍持续下行未有反弹，全国指数从 2021 年峰值 214 点跌至 2022 年第一季度末的 175 点，跌幅近 20%。水泥库容比处于下行区间，显示基建落地量依旧不足。全国混凝土价格指数自 2021 年 10 月下旬以来持续处于下行态势，从峰值 515 点下跌至第一季度末 473 点，跌幅约 8%，尚未出现触底迹象。此外，沥青装置开工率持续下行。整体来看，自 2021 年第四季度以来建材综合指数平稳震荡，未有明显上升迹象，显示下游基建和地产需求偏弱。3 月挖掘机销量同比跌幅扩大至 −53.1%，创近 7 年来最大跌幅，基建实际工作推进相对缓慢。

第四，中央明确适度超前开展基础设施投资，地方政府基建投入力度加大。与消费、制造业等不同，基建本身具备公共物品特征，供给方主要由政府或政府持股的国企提供，政府政策作用于基建往往"立竿见影"，直接主导发展方向，但政策对消费和制造业的刺激则需漫长的经济链条传导，并最终由微观市场主体自主决定经济行为，政策效果相对滞后。中央经济工作会议提出经济工作以稳为主，并强调适度超前开展基础设施投资。加大基建投入同时作用于短期需求和长期供给，一方面提振有效需求，对冲当前经济下行压力，另一方面为经济生产扫清硬件障碍，为激发长期经济活力奠定基础。多地两会政府工作报告都将"稳增长"列入地方经济发展核心议题，其中基建投资成为各地政府稳定经济的主要抓手，在交通运输、水利工程、"十四五"规划重大项目、城市更新、乡村振兴等方面加大投入，2021年以来财政部会同发改委已布置地方储备了7.1万个专项债券项目，聚焦投资重点领域。

5. 房地产投资疲软，向良性发展模式转变

第一，房地产投资增速同比下跌，融资形势仍有待改善。房地产投资增速呈下行态势，房地产开发投资完成额同比增速为0.7，较2021年增速水平低3.7个百分点，且自2021年以来增速呈逐月走低态势。房屋新开工面积累计同比增速自2021年7月以来由正转负，且跌幅逐月扩大，2022年第一季度增速为–17.5%，跌幅较2021年全年水平扩大6.1个百分点。第一季度房屋竣工面积累计同比增速由正转负，为–11.5%，施工面积同比增速降至1%的低位运行。第一季度房地产土地购置面积同比增速为–41.8%，跌幅较2021年走高26.3个百分点，地产开发较为乏力。从资金来源看，第一季度房地产开发资金同比增速为–19.6%，资金供应不容乐观。分结构来看，国内贷款同比增速下行显著，自2021年6月以来各月累计同比增速均为负值，且跌幅逐渐扩大，2022年第一季度增速为–23.5%。外资绝对数额较小，跌幅为–7.8%，外资悲观预期仍未消退。

地产企业自筹资金同比增速转负，为 –4.8%，而2021 年以来各月应付款同比增速维持相对高位，显示房企资金链紧张，占用上下游款项情形增多。债券市场方面，融创等多家民营地产公司债券展期或违约，以地产债为主的中资美元债指数在第一季度整体呈下行态势，机构投资者对地产债相对悲观。

第二，房地产销售景气低迷，需求较为疲软。第一季度房地产销售面积与销售额同比增速转负。具体来看，第一季度房地产销售面积同比增速为 –13.8%，增速较 2021 年全年水平下降 15.7 个百分点，其中主要受住宅销售面积同比增速为负（18.6%）拖累，办公楼和商业营业用房销售维持两位数高速正增长。销售额与销售面积走势类似，第一季度销售额同比跌幅达 –22.7%，拖累项仍为商品房销售额负增长（–25.6%）。值得注意的是，销售额较销售面积跌幅更为明显，显示地产销售量、价走低，可计算销售价格同比下行达 –10%，远低于百城住宅价格指数同比增长 1.72% 的水平，显示除百座大中型城市外的广大三四五线城市住宅价格下跌。地产行业居民持币观望，投机购房需求减少。第一季度国房景气指数为 96.66，跌至 2015 年水平。70 个大中城市新建商品住宅价格指数和二手住宅价格指数当月同比增速自 2019 年 4 月以来均呈下行态势，2022 年第四季度一手房价格指数同比增速不及 2%，二手房价格指数同比增速在 2 月转负至 -0.3%，且一、二手房价格指数增速均呈现分化态势，一线城市增速最高，三线城市最低且转负。先行指标销售仍在下行通道，房地产开发投资短期内尚未企稳，第一季度居民中长期贷款规模为 1.07 万亿元，同比下降 46%，显示居民贷款买房的动力偏弱。人民银行季度调查显示预期房价上涨的居民比重仍呈下滑态势，第一季度占比仅有 16.3%，仅高于 2015 年 3 月最低值。100 个大中城市土地成交价溢价率则自 2017 年以来呈波动下行态势，2022 年第一季度溢价率不足 4%。

第三，中国房地产业进入新时期，回归居住属性并平稳发展。经历 20 余年高速发展，中国房地产市场已进入新阶段。从供给来看，房地产供应步入存量时代，除一线城市和部分区域中心属紧平衡外，大部分二、三线城市供求已经平衡且在欠发达区域存在一定房产过剩。2020 年北京、上海、广东等地的城镇居民家庭人均住房面积均超过 30 平方米，中国房地产市值已位列全球第一，远超美国、日本等发达国家。从需求来看，中国人口老龄化、少子化到来，婴儿潮时期出生人口逐渐步入老年，计划生育时代出生人口占比较低，20—50 岁购房主力人口开始减少，购房需求边际减少。同时，经历数十年工业化追赶式发展，中国城镇化逐渐步入"S"形曲线的后程稳定阶段，房地产需求已结束"黄金时代"。当前居民杠杆较高、房价收入比远高于国际水平，制约房地产支付能力，"房住不炒"等系列政策打压了金融炒房的投机预期。此外，房地产需求中以改善性需求为主，144平方米以上住房的开发投资完成额累计同比增速、新建住宅价格指数均高于90平方米以下住房。房地产已度过"野蛮生长"时期，良性发展成为未来发展方向。

第四，房地产是中国经济重要产业，政策积极推动房地产市场良性发展。房地产投资占固定资产投资比重约四分之一，如加上下游产业链拉动投资则占比更高，关系千万人就业。国有土地使用权出让金占政府性基金收入约九成，是地方政府财政和基建投资的重要资金补充来源。房地产依旧是中国信用派生的重要渠道，一方面地产在居民资产中比重极高，另一方面大量金融资源以地产信贷和居民房贷等形式配置在地产体系，中国金融体系受地产行业发展影响颇大，地产风险可能表现为金融风险，金融风险成为地产风险的镜像，表现出"一体两面"。房地产业在中国国民经济和金融体系中举足轻重，要统筹经济稳增长和防风险。中央经济工作会议和政府工作报告均指出，要坚持"房住不炒"，探索新的房地产发展模式，因城施策促进房地产业良性循环和健康发展。政策围绕"稳地价、稳房价、稳预期"进一步优化调整，金融政策层面，明确更好满足购房者合理住房需求，5 年期 LPR 下调降低房居民购房融资成本，支持满足房地产企业合理融资需求，鼓励银行稳妥有序开展并购贷款业务，多家房地产公司于银行间债券市场公开发债。地方政策方面，多地调整房贷首付政策、限售政策、购房契税补贴、公积金贷款优惠、预售政策等。近期，多家民营地产企业因前期业务激进扩张，未充分适应地产发展新形势而出现债务风险，且疫情影响居民生产工作，居民端的房贷"断贷风险"散点出现，地产政策亟须考虑时度效，针对性补位。随着政策推进，房地产投资额和销售额将逐渐企稳，避免风险扩大。

6. 进出口平稳增长，未来可能回归疫情前常态

第一，得益于中国生产秩序稳定和国际需求复苏，中国进出口总额平稳增长。2022 年以来中国经济平稳运行，有力支撑中国对外贸易。第一季度中国货物贸易进出口总值 9.42 万亿元人民币，同比增长 10.7%。其中，出口 5.23 万亿元，增长 13.4%；进口 4.19 万亿元，增长 7.5%。国际市场对我国产品需求增长，中国与东盟、欧盟、美国、韩国和日本进出口分别增长 8.4%、10.2%、9.9%、12.3% 和 1.8%，对"一带一路"沿线国家、RCEP 贸易伙伴进出口分别增长 16.7%、6.9%。从经营主体来看，民营企业进出口

4.52 万亿元，增长 14.1%，占比达到 48%，同比提升 1.4 个百分点；外商投资企业进出口 3.38 万亿元，增长 5.8%；国有企业进出口 1.5 万亿元，增长 14.5%。从大类产品来看，中国经济结构从低附加值劳动密集型产品向中高端产业转换升级，机电产品是进出口最大品类，第一季度中国出口机电产品 3.05 万亿元，增长 9.8%，占出口总值的 58.4%；进口机电产品 1.71 万亿元，增长 2.7%，占进口总值的 40.8%。出口劳动密集型产品 9000.5 亿元，增长 10.9%，其中箱包、鞋、玩具出口分别增长 24%、20.4%、16.9%。

第二，因疫情扰动、基数效应和全球产能复工，未来出口增速可能回落到疫情前水平。随着全球疫情防控持续推进和医疗资源加大投入，新兴市场和发展中国家疫情也终将得到控制，境外各国生产能力恢复，对中国出口形成替代，海外需求可能有所回落。从第一季度来看，中国出口同比增速已较 2021 年水平回落 7.8 个百分点。除产能替代因素外，2021 年出口基数较高，世界经济复苏放缓减弱外需等因素均可能导致中国出口在未来逐步回落。此外，疫情冲击中国部分省市经济生产，对外出口贸易可能受影响回落。人民银行 5000 户工业企业景气调查显示，中国出口产品订单已连续四个季度回落，新出口订单 PMI 已连续 11 个月低于荣枯值。受疫情影响，3 月进出口总额同比增速回落至 5.8%，出口金额同比增长 12.9%，进口总额同比增长 –1.7%。

7. 社会融资规模超预期增长，金融体系加大对实体经济的信贷支持

第一，社会融资规模超预期增长，弥补意料外疫情导致的实体经济融资缺口。第一季度社会融资规模增量累计为 12.06 万亿元，比上年同期多 1.77 万亿元。分结构来看，银行类机构受业务目标、监管引导的激励，贷款"开门红"效应显现，对实体经济发放人民币贷款增加 8.34 万亿元，占同期社会融资规模的 69.1%，同比多增 4258 亿元。企业债券有效支撑实体企业融资需求，净融资 1.31 万亿元，同比增加 4050 亿元，占比 10.9%，同比高 2.1 个百分点。地方专项债发行明显发力，"早发行、早使用"，提前下达专项债券额度大部分已发行完毕，对社融的支撑效应明显。政府债券净融资 1.58 万亿元，占社融比重的 13.1%，同比高 6.7 个百分点，净融资规模同比增加 9238 亿元，其中政府债券净融资和增量均由地方政府专项债券贡献，国债贡献为负值。中国全面推行注册制并保持 IPO、再融资常态化，第一季度非金融企业境内股票融资 2982 亿元，同比多 515 亿元，占社融比重同比增加 0.1 个百分点。"非标"融资边际减少，委托贷款

增加 460 亿元，同比多增 510 亿元；信托贷款减少
1690 亿元，同比减少 1879 亿元；未贴现的银行承兑汇
票增加 791 亿元，同比少增 2454 亿元。社会融资规模
增长有效推动"保市场主体"，尤其是疫情反复背景
下企业的短期融资和资金链接续需求，企业家问卷显
示，第一季度工业企业资金周转指数 60.0，处于景气
区间，资金周转状况量良好的企业占比为 33.1%，该
比重已连续一年保持平稳并恢复至疫情前水平，仅有
13.2% 认为"困难"，为 2020 年疫情暴发以来最低值。

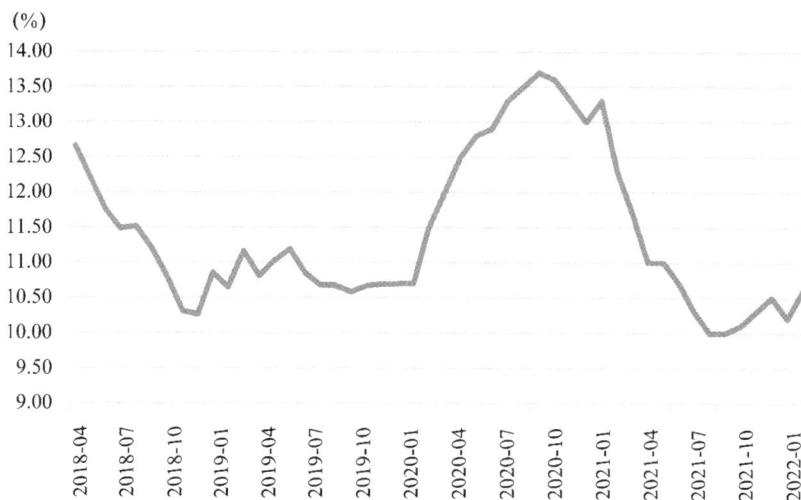

图 1-6　社会融资规模存量同比增速

数据来源：Wind。

第二，金融体系加大对实体经济的信贷支持，但
经济中长期投资信心依旧偏弱。3 月末广义货币
（M2）余额同比增长 9.7%，增速同比、环比分别增长

0.3 和 0.5 个百分点，第一季度净投放现金 4317 亿元，3 月末各项贷款余额同比增速达 11.4%。银行家调查问卷显示，2022 年第一季度银行贷款审批指数相比于 2021 年年末增加 2.7，表明银行适度放松了贷款审批门槛，加大信贷投放力度，中国金融条件指数显示金融环境处于宽松区间。金融资产结构是实体经济的映射和镜像，信贷增速平稳表明中国经济整体平稳，但信贷结构期限趋短，且居民端信贷减少，实体经济预期相对保守。从企事业单位维度来看，第一季度企事业单位新增人民币贷款规模同比增长 9.0%，但中长期人民币贷款新增规模同比增速为 −11.6%，短期贷款新增规模同比增长 86%，贷款新增规模全由短期贡献。信贷期限结构短期化，一是体现出实体经济的用款需求以承接短期资金融通为主，尤其是疫情背景下的资金周转需求上升，银行家调研的贷款需求指数上升至 72.3 的景气高位表明实体经济用款需求旺盛。二是表明企事业单位对未来经济形势信心不足，不敢"长贷"投资，经营投资偏向保守。三是体现出金融部门对企业未来还款能力担忧，倾向降低期限风险。从居民维度来看，第一季度人民币贷款新增规模同比下降 46.0%，其中短期贷款下降 67%，疫情冲击下，居民消费加杠杆意愿减弱；中长期贷款下降 46%，显示出地产销售低迷背景下，居民房贷需求减少。

第三，中美经济金融周期步调不同，中美利差出现倒挂。疫情以来，中国经济金融周期持续领先美国。当前，美国通胀高企，抗通胀成为美联储重点目标，加息进程启动并节奏较快，第一季度10年期美国国债到期收益率回升超过120个基点。中国通胀平稳，稳增长是优先目标，货币金融环境相对宽松，2022年以来十年期国债收益率保持平稳。截至4月20日，中美10年期国债收益率已出现近年来首次倒挂。同时，中国资本账户尚未完全开放，有一定"防火墙"效果，美联储加息对中国影响较小。数据显示，近年来中国货币政策强调"以我为主"，中美两国国债收益率相关性有所下降。要关注的是，鉴于中国经济受到

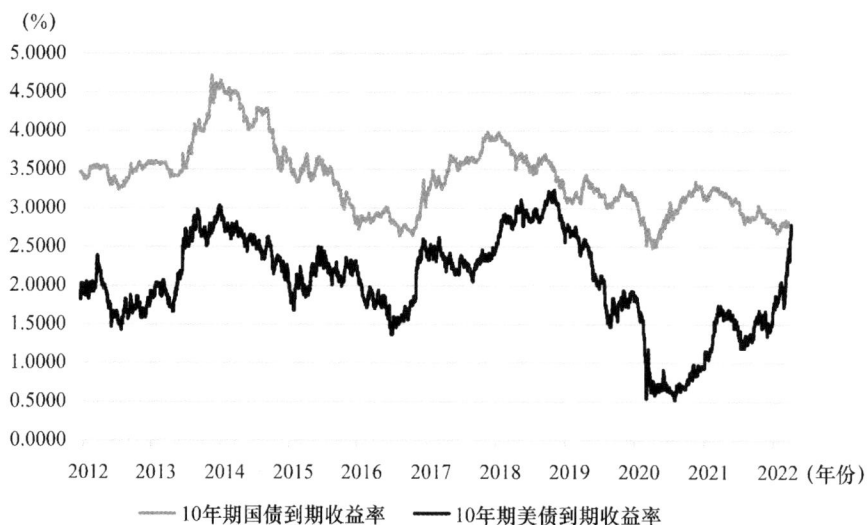

图 1-7 中美十年期国债到期收益率

数据来源：Wind。

疫情蔓延扰动，叠加全球通胀风险，中国经济增长面临一定挑战，在美联储加息和中美利差倒挂背景下，中国汇率可能面临一定贬值压力。但人民币汇率的根本决定因素在于中国自身经济增长基本盘，鉴于当前稳增长政策工具丰富且中国进出口顺差处于高位，人民币贬值压力相对可控。

8. 大宗商品价格飞涨致使 PPI 处于高位，但居民消费端通胀仍然可控

第一，PPI 仍处高位但延续回落态势，对货币政策和中下游企业成本的制约边际减弱。整体来看，第一季度大宗商品价格指数上涨 15.4%，PPI 同比上涨 11.3%，季度涨幅环比回落 3.5 个百分点。分行业来看，生产资料价格同比上涨 11.3%，涨幅比 2021 年第四季度回落 4.8 个百分点，影响 PPI 上涨约 8.49 个百分点，占 PPI 总涨幅的 98%，采掘工业价格上涨 35.3%，原材料工业上涨 17.6%，加工工业上涨 6.4%，涨幅比 2021 年第四季度分别回落 21.6 个、5.8 个和 3.3 个百分点。从月度变化来看，3 月 PPI 同比上涨 8.3%，自 2021 年 10 月高点 13.5% 以来连续 5 个月回落，国内通胀担忧逐步消解，增强了中国货币政策灵活适度的空间，并缓解中下游企业成本压力。

第二，疫情蔓延导致全球上游原材料和工业品的供应难题和生产困境并未完全缓解，大宗商品价格节节攀升，引发国际价格向国内价格传导的担忧。从高频指标来看，近两年来 Brent 原油现货价格和 WTI 原油现货价格走出"地天板"态势，2020 年春季价格大跌至不足 20 美元/桶，随后因需求恢复，供应难度上升，价格震荡上扬，截至 2022 年 3 月末已高于 100 美元/桶。尤其是第一季度以来，作为重要产油国的俄罗斯与乌克兰爆发地缘政治冲突，油价剧烈走高。其他能源方面，俄乌冲突延续下，天然气供应紧张，多国以煤电代替天然气，煤炭价格也随之走高。国内方面则停止了从澳大利亚进口煤炭，且第一季度山西等重要产煤大省出现疫情，可能影响煤炭生产节奏。国内外因素共振推动煤炭价格走高，第一季度焦煤和动力煤期货结算价涨幅分别达 38% 和 14%，京唐港山西产主焦煤库提价累计涨幅达 37%。金属方面，锌、铝、铅、铜、镍、锡等有色金属 LME 现货结算价第一季度涨幅分别达 18%、24%、5%、7%、61%、12%。国内相关行业受到明显冲击，从行业 PPI 来看，石油和天然气开采业价格上涨 42.8%，石油煤炭及其他燃料加工业上涨 31.1%，有色金属冶炼和压延加工业上涨 19.5%，燃气生产和供应业上涨 12.2%。

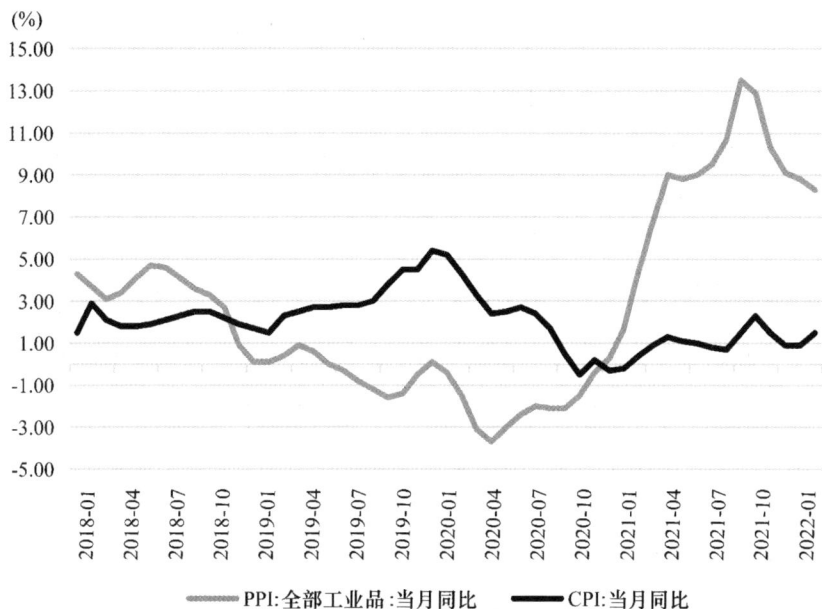

图 1 - 8　2018—2022 年中国物价走势

数据来源：Wind。

第三，CPI 保持平稳态势，但要关注"猪周期"触底回升和"输入型通胀"风险。第一季度 CPI 同比增速 1.1%，其中 3 月增速为 1.5%，均低于政府工作报告 3% 的全年目标。核心 CPI 涨幅稳定，涨幅仅有 1.2%，涨幅连续三个季度相同。分行业来看，第一季度食品项 CPI 同比增速为 - 3.1%，影响 CPI 下降约 0.59 个百分点，体现中国一直强调"把饭碗牢牢端在自己手中"，近期国际粮食价格疯涨对中国居民消费端影响有限。第一季度猪肉价格平均下降 41.8%，猪粮比自 2020 年以来持续下行，处于历史低位，成为平抑 CPI 处于低位的贡献力量。猪肉价格下降带动上下游

和替代品的价格下降，如食用动物油价格下降
34.4%，羊肉和鸡肉价格分别下降3.5%和2.3%。近
期猪肉价格已达较低区间，进一步下跌空间较小，尽
管生猪存栏量仍在上行，但存栏量已接近历史高位区
间，且能繁母猪的生猪存栏量自7月以来持续下滑并
已至历史合理区间，猪肉市场"供大于求"格局大概
率在2022年年中出现改变，"猪周期"触底反弹可能
引发猪肉价格回升，推动消费物价CPI上涨。此外，
要警惕部分粮食价格、能源价格受国际价格上涨的影
响，如受国际小麦、玉米、大豆和能源等价格上涨影
响，食用植物油、豆类和面粉价格分别上涨6.4%、
5.6%和3.3%，汽油、柴油和液化石油气价格分别上
涨23.1%、25.4%和21.4%。整体来看，国内能源价
格则同比上涨12.2%，影响CPI上涨约0.84个百分
点。值得注意的是，疫情冲击服务消费，相关行业需
求不振，第一季度服务CPI逐月走低，3月数值为
1.1%，而疫情前水平中枢在2%左右；富豪消费价格
指数自疫情以来则一路走高，显示疫情背景下，资产
价格上扬利好富人，奢侈品消费价格走高。

第四，全社会通胀水平较往年升高但仍在可控区
间，重点关注中下游企业成本压力。GDP平减指数为
3.96%，较2021年下降0.42个百分点。分产业来看，
第一产业物价延续并加大收缩态势，平减指数

为 – 9.14%，跌幅较 2021 年走高 8.56 个百分点。物价升高主要由第二产业贡献，平减指数为 8.58%。第三产业物价保持稳定，平减指数为 2.06%，与 2021 年水平基本相当。物价预期平稳可控。央行调查显示，第一季度预期未来物价上涨的城镇储户占比为 23.8%，明显低于 2021 年第四季度 32.3% 的水平，预期未来物价下降的储户占比则基本持平。值得注意的是，18.5% 的企业家认为第一季度产品销售价格下降，但有 39.3% 的企业家认为同期原材料购进价格上升，成本压力较大。当前 PPI 处于高位，CPI 保持平稳，二者差额较大，压缩中下游企业利润空间。

9. 就业压力有所上升，重点群体和薄弱行业更需政策帮扶

第一，就业压力有所上升，但随着防疫措施和"稳增长"政策协同发力，劳动力市场未来将逐渐回暖。当前经济面临"三重压力"，部分行业尚未恢复至疫情前水平，广大中小微企业市场韧性较弱，市场主体吸纳就业的能力较低。尤其是 3 月以来多地出现疫情，部分区域和行业的日常经营受阻，就业压力凸显。第一季度城镇新增就业人数约 285 万人，同比减少 4.04%，其中 3 月新增就业人数 122 万人，同比减少 18.1%，显示疫情对就业边际影响较大。第一季度

各月全国城镇调查失业率分别为 5.3%、5.5% 和 5.8%，呈走高态势，31 个大城市 3 月城镇调查失业率同比上升 0.7 个百分点至 6%。百度搜索指数"找工作"自 1 月下旬以来开始上升，且在 3 月下旬因为疫情出现脉冲式激增；"招聘"搜索指数整体低于 2021 年同期。从景气调查来看，第一季度制造业和非制造业的从业人员 PMI 持续低于荣枯线水平，且 3 月指数环比 2 月回落。但整体来看，就业形势仍在可控区间，居民对未来就业形势仍有信心。中国经济市场容量大，周转余地足，失业水平虽然有所上升，但仍在可接受范围。3 月下旬以来政府从财政、金融、产业等方面下手，推进疫情防控，并适时推进复工复产，保物流、保交通、保生产，加大国企和公共部门就业容量，多措并举稳定经济大局，部分静态管理城市的疫情出现好转迹象，逐渐"解封"，经济秩序和商贸活动重启，就业将逐渐转暖。央行问卷调查显示，当期就业感受指数低于荣枯值，但认为就业形势严峻、就业难的受调查储户比重下降 0.7 个百分点，且未来就业预期指数和未来收入信心指数均不低于荣枯线，显示当前就业压力较大但对未来预期仍有信心。从就业质量来看，就业人员平均工作时间高于 2021 年同期和疫情前水平。

第二，青年人口和外来户籍人口失业率较高，服务业等薄弱行业需要更多政策帮扶。当前疫情对经济的冲击影响尚未完全消退，消费低迷和服务业不振是经济增长的主要拖累因素，尤其是线下消费场景欠缺，聚集性、接触性的服务业产出缺口较大，且居民收入不及预期和预防性储蓄上升，服务业消费需求边际萎缩。同时，疫情影响逐渐向上下游传递，从第三产业波及第二产业，如上海等长三角多地静态管理后汽车工业上下游、电子工业上下游等遭受冲击，诸多行业就业受到影响。一方面，就重点人群来看，3月16—24岁人口的调查失业率高达16%，同期25—59岁人口调查失业率5.2%，青年群体面临就业压力较大。其中，教育部预计2022届高校毕业生规模达1076万人，人数首次突破千万，同比增加167万，规模和增量均创历史新高，高校毕业人数接近政府工作报告新增就业人数目标，高校毕业生就业难度凸显。另一方面，外来户籍人口调查失业率为6.3%，高于同期本地户籍人口调查失业率5.6%。尤其是第一季度末外出务工农村劳动力总量17780万人，同比增加2.2%，月均收入4436元，同比增加5.9%，农民工劳动力供给水平已恢复至疫情前水平。但受疫情影响，部分城市静态或半静态管理，从事餐饮、酒店、家政、环卫等服务业的农民工人群缺乏工作场景，农村进城劳动力出现供大于求，甚至出现疫情严重区域的农民工正常生活遭受冲击，收入明显下滑或者被迫返乡待业。此外，随着政策调整，教育、房地产、互联网平台等行业近期调整较大，多家教育培训公司、互联网公司、房地产公司出现人员调整或裁员的舆论风波，亟须政策加强预期管理，引导相关企业合规稳健经营，支持产业调整进程中的摩擦性失业再就业。

三　财政收支稳步提升，财政政策积极发力

第一季度财政收入保持平稳增长，但3月受疫情影响边际回落。同期财政支出加大力度，支出进度加快。财政政策保持积极，继续实施减税降费政策，专项债提前发力，稳定经济增长。

1. 第一季度财政收入稳步增长，3月受疫情影响有所回落

受前两个月经济持续稳定恢复和工业生产者出厂价格同比上涨影响，财政收入实现明显增收，第一季度全国一般公共预算收入62037亿元，同比增长8.6%，与名义GDP增速基本相当。地方财政收入增速高于中央，具体来看，中央一般公共预算收入28949亿元，同比增长7.6%，地方一般公共预算本级收入33088亿元，同比增长9.5%。非税收入增速高于税收

收入，全国税收收入 52452 亿元，同比增长 7.7%；非税收入 9585 亿元，同比增长 14.2%。

值得注意的是，就 3 月单月来看，受疫情影响，为减轻市场主体负担继续实施减税降费并施行缓税政策，财政收入同比增速降至 3.4%，中央财政收入下滑更明显，达 -4.13%，地方财政收入增长 8.91%，增幅也环比缩窄。税收收入同比增长 -0.16%；非税收入增长 14.87%，对财政收入形成支撑，主要因为部分地区多渠道盘活闲置资产，以及能源资源价格上涨带动石油特别收益金专项收入、矿产资源专项收入等增加较多。

分税种来看，减税降费政策逐步落实，第一季度国内增值税增幅缩窄至 3.6%，3 月以来受疫情影响，同比增幅下滑至 -3.99%。第一季度工业经济稳定恢复，工业企业所得税增长 20.4%，但房地产、建筑业企业收入下滑，所得税同比下降。第一季度个人所得税增长 16.5%，但 3 月以来受疫情影响明显，个税同比下滑幅度为各税种最大，达 -51.26%。受国际大宗商品价格上涨和一般贸易进口持续较快增长带动，进口环节增值税和消费税增长 24.2%；外贸企业出口退税同比增长 31.3%，有力支持出口增长。受房地产业不振影响，第一季度契税同比增长 -22.4%，3 月降幅缩窄至 17.28%，国有土地使用权出让收入同比增长

－27.4％，导致地方政府性基金收入增长－26.5％。

2. 财政政策积极发力，一季度预算支出进度加快

第一季度，全国一般公共预算支出 63587 亿元，同比增长 8.3％，为预算的 23.8％，进度比 2021 年同期加快 0.3 个百分点，财政支出占财政收入比重为 102.5％，与 2021 年基本相当。从中央地方结构来看，中央政府带头过"紧日子"，把省出来的钱用来推动地方经济增长，第一季度中央本级财政支出同比增速为 4.5％，扣除国债发行付息、储备等支出后增长 2.4％，明显低于地方财政支出增速 8.8％。地方财政支出达预算的 24.6％，进度比 2021 年同期加快 0.4 个百分点。3 月以来，在疫情反复背景下，财政政策积极有为，财政支出加速，3 月同比增速 10.4％，高于前两个月水平，地方财政支出增速达两位数 11.56％。

财政支出结构进一步优化。民生等重点领域支出得到有力保障，第一季度科学技术、教育、农林水、社会保障和就业、卫生健康支出分别增长 22.4％、8.5％、8.4％、6.8％、6.2％。基建支出保持平稳，第一季度节能环保、城乡社区、农林水事务、交通运输分别增长 6.2％、7.5％、8.4％、10.9％，四者合计占财政支出比重为 21.37％，与 2021 年水平 23.78％基本相当。

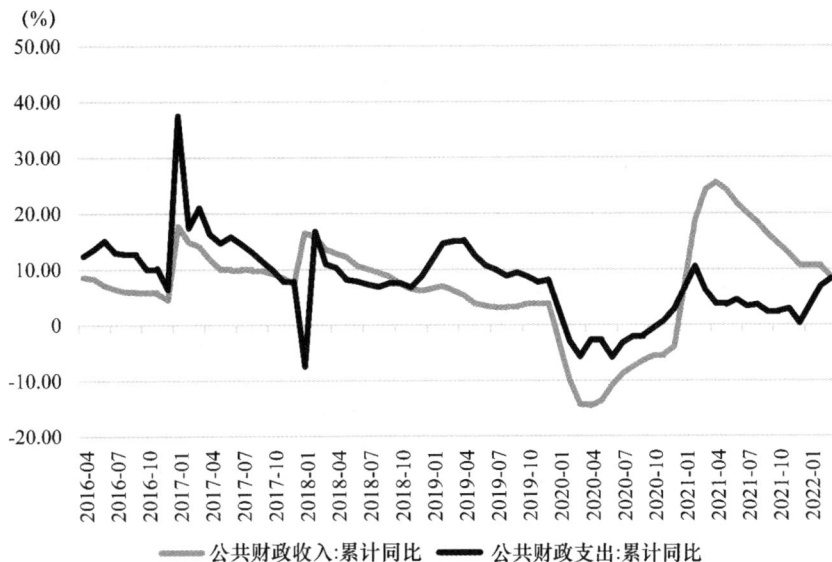

图 1-9 财政收入与支出累计同比增速

数据来源：Wind。

3. 继续实施减税降费政策，专项债提前发力

中央经济工作会议提出，2022 年积极的财政政策要提升效能，更加注重精准、可持续。2022 年的《政府工作报告》提出要实施新的组合式税费支持政策，预计全年退税减税约 2.5 万亿元。年初以来已经出台了 20 多项税费支持政策。一是延续实施扶持制造业、小微企业和个体工商户的减税降费政策，包括延续部分税收优惠政策执行期、购置设备在企业所得税税前扣除、降低企业所得税税率、研发费用加计扣除、对适用 3% 增值税小规模纳税人应税销售收入免征增值税、减征"六税两费"。二是实施大规模留抵退税。

大力改进留抵退税制度，对留抵税额提前实行大规模退税。三是出台支持特殊困难行业纾困发展的税收政策。将生产、生活性服务业加计抵减政策执行期限延长至2022年12月31日；对2022年航空和铁路运输企业分支机构暂停预缴增值税；对2022年对纳税人提供公共交通运输服务取得的收入免征增值税。四是设立3岁以下婴幼儿照护个人所得税专项附加扣除。将纳税人照护3岁以下婴幼儿子女的相关支出，按照每个婴幼儿每月1000元的标准定额扣除。

2021年12月财政部提前下达地方2022年新增专项债券额度1.46万亿元，时间较上年提早了3个月左右。截至3月末，已发行1.25万亿元，占提前下达额度的86%，比2021年增加了1.23万亿元，其中内蒙古、辽宁、黑龙江、上海、浙江、福建、山东、广东、广西、四川、甘肃11个省份已全部完成提前下达额度发行工作。已发行的专项债券，支持市政和产业园区基础设施4157亿元、交通基础设施2316亿元、社会事业2251亿元、保障性安居工程2016亿、农林水利1004亿元、生态环保468亿元以及能源、城乡冷链等物流基础设施251亿元，对稳定宏观经济发挥重要作用。

需要关注的是，地方财政收支压力较大，尤其是在地产下行背景下，国有土地使用权出让收入占财政支出比重下滑，地方更加依赖中央转移支付。部分省市因为受疫情影响，经济活动遭受冲击，税基可能减弱；部分依赖传统工业和能源产业的中西部省份可能还面临"双碳"目标进程中的产业结构转型阵痛；同时减税降费也对地方财政提高要求。财政收支可持续难度上升，需要通过发行国债、地方债等加强补位。

四　强化稳增长政策力度，坚持宏观政策稳健有效

当前疫情尚未完全结束，俄乌地缘政治冲突仍在发酵，中国经济发展面临内外部多重超预期因素，更需要中国以确定性政策应对不确定性形势，把握好宏观经济发展主动权，支持中国经济平稳发展。一方面，各项政策要以经济建设为中心，强化稳增长政策力度。另一方面，宏观政策要稳健有效，既要保持连续性、稳定性、可持续性，保持"稳健"，又应提高针对性、操作性、管用性，增强"有效"。

第一，积极的财政政策要提升效能，更加注重精准、可持续。一方面，继续实施减税降费，并将政策性减税降费提升为制度性减税，实现前期政策的平稳过渡。另一方面，要正视财政收支矛盾依然突出，完善税制结构和征管体系建设，统筹财政资源，强化预

算编制、审核、支出和绩效管理，推进绩效结果与预算安排有机衔接。财政政策发力适当靠前，发挥财政资金"一竿子到底"的精准功能，进一步完善常态化财政资金直达机制，促进财政资金向基层下沉、向微观主体倾斜，支持中小微企业、个体工商户减负纾困、恢复发展，并大力支持具备核心竞争力的优秀企业，鼓励"专精特新"小巨人企业涌现。此外，要按照保持政府总体杠杆率基本稳定的原则，确定地方政府专项债券规模，保障重点项目建设。加强对党政机关过紧日子落实情况的评估，腾挪更多财政资源，严肃财经纪律。

第二，稳健的货币政策要灵活适度，保持流动性合理充裕。货币政策要提升政策前瞻性、有效性和精准性，加大对实体经济融资支持力度，促进中小微企业融资增量、扩面、降价。进一步完善流动性和市场利率调控框架，疏通货币政策传导机制，推进利率市场化。保持流动性合理充裕，使货币供应量和社会融资规模增速同名义经济增速基本匹配，有效遏制宏观杠杆率上升势头，有序处置突出金融风险，保持金融市场平稳运行，物价水平符合预期，人民币汇率在合理范围保持稳定。同时，发挥结构性货币政策作用，支持小微贷款支持工具、普惠小微信用贷款纳入支农支小再贷款支持计划、碳减排支持工具和支持煤炭清洁高效利用专项再贷款等政策落地落实，引导金融资源定向支持中小微企业、绿色发展、科技创新等重点领域和薄弱环节。此外，要兼顾促发展和防风险，坚持以我为主，增强货币政策自主性，提前预判和应对或有重大风险，推动经济稳定恢复。

第三，宏观政策稳健有效，要求财政、货币政策协调联动，避免合成谬误和分解谬误。财政政策和货币政策要取长补短，不能各自单兵突进，各管一段，避免局部合理政策叠加起来造成负面效应。不能孤立看待财政政策与货币政策空间，应统筹考虑政策面临的共同约束，要促进房地产市场良性发展，保持宏观杠杆率基本稳定，避免通货膨胀激增和贫富差距过大。当前，应以积极财政政策为主导、稳健货币政策加以配合。一方面，发挥财政政策涉及面广和定向支持性强的长处，促进经济结构调整，以经济手段扫除制约经济长期发展的体制机制障碍，支持重点领域和薄弱环节发展，矫正经济主体激励，推动经济高质量增长。另一方面，货币政策要协调配合财政政策发力，维持适宜的利率环境，抑制名义利率涨幅，规避财政发力的挤出效应，甚至使实际利率下降，拉动消费和投资。

第四，宏观政策稳健有效，需要做好总量与结构兼顾，持续扩大内需。中国拥有超大经济体优势，内需潜力充足，要充分依托国内大循环市场，激发市场潜力活力。宏观政策要关注不同区域之间发展不平衡不充分现状，顺应空间区域变化趋势，因地制宜发挥各地区比较优势，支持传统产业链向中西部的转移布局，推动基础良好区域布局未来新产业。同时，宏观政策应重点支持经济新旧动能转换，充分发挥预算内投资、国家科技成果转化引导基金和政府投资基金作用，引导社会资源共同促进科技成果转移转化，挖掘新的经济增长点。此外，宏观政策还应与社会政策相互配合，优化教育支出结构，健全医疗保险制度、养老保险制度、社会救助制度等民生保障体系，提升居民安全感和抗风险能力，调节收入分配，助力共同富裕，拉动边际消费倾向和投资意愿，进一步扩大内需。

（执笔人：闫　坤　张晓珉）

2022 年第二季度中国宏观经济与财政政策分析报告

——稳增长政策效果初现经济增长回归潜在增速

内容提要： 2022 年上半年，全球范围内新冠疫情的反复压低了全球经济增速，俄乌冲突使疫情以来全球供应链问题更加凸显，能源、工业金属、粮食等大宗商品价格持续处于高位，由此引发的对俄制裁升级加剧了全球经济不确定性，造成欧洲地缘局势紧张，进一步扰乱全球供应链、抑制全球投资和贸易需求，全球经济或将重新面临衰退风险。除此之外，俄乌冲突加大了各国通胀压力，主要经济体纷纷通过收紧货币政策来抑制通胀，全球经济复苏前景恶化。

上半年，中国经济增速明显下滑。根据国家统计局公布的数据，2022 年上半年，中国 GDP 为 562642 亿元，按不变价格计算，同比增长 2.5%，经济总体呈现稳定恢复态势。其中，第二季度 GDP 为 292464 亿元，按不变价格计算，同比增长 0.4%。究其原因，上半年经济的减速主要受到疫情的冲击。第二季度以来，由于疫情好转、经济活动逐渐触底回稳，政府也出台一系列政策以实现稳增长的目标。但相比工业生产的快速恢复，服务业和居民需求的恢复仍明显滞后。预计在稳增长政策的作用下，下半年经济回暖的趋势有望延续。

在财政政策方面，受新冠疫情蔓延和经济增速下滑影响，2022 年上半年，全国一般公共预算收入105221 亿元，按自然口径计算下降 10.2%，但第二季度以来一般公共预算收入同比降幅明显缩窄，这表明，随着疫情的缓和以及稳增长政策作用不断显现，税基的修复使得税收收入有所增长。在支出方面，全国一般公共预算支出 128887 亿元，比上年同期增长 5.9%，资金缺口明显扩大。在财政支出当中，基建类支出同比增长明显超过一般公共预算支出总体增速，这也意味着当前基建投资已经成为稳增长财政政策的主轴。

目前，中国经济增长的态势总体上趋稳，预计未来经济增速仍将继续回归潜在经济增速，预计全年 GDP增长 4.0% 以上，如财政和货币政策持续发力，全年经济增长有望达到 4.5% 以上。从中长期来看，综合考虑影响中国潜在经济增长的要素投入及其变化规律，预计2022—2025 年 GDP 年均增速为 5.2%，全要素生产率将成为拉动经济增长的主要动力，随着对 R&D 投入的增加、人力资本增长以及通过改革增强市场活力，预计

2026—2050 年 GDP 年均增速仍可以维持在 3.5% 左右。

政策方面，建议一方面应坚持"疫情防控与经济社会发展两手抓"的总基调，在防疫政策上更加重视"科学精准"以及"常态化"管理；另一方面，经济政策上一方面要积极创新宏观调控方式和工具，尤其注重发挥增量型政策工具的作用，另一方面要增强政策透明度，加强与市场和公众的政策沟通，引导和管理好预期，精准实施财政、货币、就业等调控政策。

关键词：经济复苏；宏观调控；财政政策；货币政策

2022 年，全球经济在地缘政治冲突和疫情反复的多重冲击下，经济增速明显回落，"滞胀"风险明显上升。就中国来看，2022 年上半年，中国经济也明显承压，二季度增速仅为 0.4%。展望下半年，在防疫政策的优化以及一系列稳增长政策的作用下，中国经济有望回暖。

一 全球经济增速回落，"滞胀"风险不容忽视

2022 年上半年，全球范围内新冠疫情的反复压低了全球经济增速，俄乌冲突使疫情以来全球供应链问题更加凸显，能源、工业金属、粮食等大宗商品价格

持续处于高位，加大了各国通胀压力，主要经济体纷纷通过收紧货币政策来抑制通胀，全球经济复苏前景恶化。

1. 2022 年上半年全球经济增速回落

2022 年上半年，新冠病毒变种扩散以及俄乌冲突等因素，对全球经济增长提出了新的挑战，全球经济增速明显放缓。

如表 2 - 1 所示，IMF 对全球经济增速预计从 2021 年估计的 6.1% 下调至 2022 年和 2023 年的 3.6%。相比 2022 年 1 月的《世界经济展望更新》，IMF 将 2022 年和 2023 年的增速预测值分别下调了 0.9 和 0.3 个百分点。IMF 预计未来全球经济增速将进一步放缓，就业率和产出直到 2026 年都将基本低于疫情前的趋势水平。

表 2 - 1　　　　IMF 对全球主要经济体的增速预测　　　单位：%

	2021 年	2022 年	2023 年
全球	6.1	3.6	3.6
发达经济体	5.2	3.3	2.4
美国	5.7	3.7	2.3
欧元区	5.3	2.8	2.3
德国	2.8	2.1	2.7
法国	7	2.9	1.4
意大利	6.6	2.3	1.7
西班牙	5.1	4.8	3.3

续表

	2021 年	2022 年	2023 年
日本	1.6	2.4	2.3
英国	7.4	3.7	1.2
加拿大	4.6	3.9	2.8
新兴市场和发展中经济体	6.8	3.8	4.4
中国	8.1	4.4	5.1
印度	8.9	8.2	6.9
东盟五国	3.4	5.3	5.9
俄罗斯	4.7	− 8.5	− 2.3
巴西	4.6	0.8	1.4
墨西哥	4.8	2	2.5
南非	4.9	1.9	1.4
中东和中亚	5.7	4.6	3.7
撒哈拉以南非洲	4.5	3.8	4

数据来源：IMF：《世界经济展望》，2022 年 4 月。

2. 未来全球经济复苏仍呈分化特征

未来全球经济的复苏仍将呈现出不均衡特征，具体表现为以下四个方面。

第一，与发达经济体相比，新兴市场和发展中经济体由于其政策支持更为有限、疫苗接种速度普遍较慢，其受到的长期影响要更为严重，预计新兴市场经济体的产出将持续低于疫情前的趋势水平。此外，由于粮食和能源价格上涨，俄乌战争使出现更大范围社会紧张局势的可能性增加，而这将进一步拖累经济前景。

第二，供给和需求恢复分化。供给恢复慢于需求恢复，导致通胀高企和政策两难。尤其对于半导体行业来说，疫情的发展使得芯片的紧缺程度加剧。疫情一方面造成一些生产链的中间节点断裂，造成半导体生产衔接不畅；另一方面，由于芯片需求激增，疫情再次加速数字化改造。以汽车芯片为例，疫情造成汽车生产企业供货迟迟不能到位，汽车产销量在2020年疫情暴发严重时期下滑，许多汽车芯片订单被撤回使得库存下降。同时，疫情导致手机、平板电脑等高消费电子产品需求大增，芯片短缺也向手机、平板电脑等其他消费电子领域蔓延。

第三，产业复苏分化。在产业结构上，服务业的回升显著地落后于工业。在就业恢复上，酒店和旅游业经过一段时间的阶段性复苏，但旅游的复苏则没有带动该行业就业的同步恢复。而且，制造业的就业回升速度也缓慢，疫情后的自动化加速了对劳动力替代，在就业市场上造成永久失业的影响。与此同时，在仪器仪表、汽车及其零部件制造、计算机软件服务等方面的新增劳动需求不断扩大，但是由于与市场需求脱节明显的职业技术教育等原因，劳动力市场出现了高端人才和技能劳动力的双重短缺，劳动力市场职业技能不匹配矛盾仍在加剧。

第四，疫苗的接种率差异显著。高端疫苗的生产和分配主要被英美等国家所垄断，并被优先适用发达国家。截至 2022 年 5 月 18 日，世界有 65.7% 的人口至少接种过一次新冠疫苗，在低收入国家该指标只有 15.9%。疫苗分配的不均衡使得未来全球疫情状况变得越来越复杂，并且越来越充满了变数，尤其是发展中国家的经济将更大程度上遭受疫情冲击。

3. 美联储加息加速对新兴市场经济体造成冲击

2022 年 3 月 17 日，美联储将基准利率上调 25 个基点至 0.25%—0.50% 区间，这是美联储 2018 年 12 月以来首次加息；并自 2022 年 3 月 17 日起将存款准备金利率提高至 0.4%。虽然此次加息时点和加息规模均符合市场预期，金融市场呈现出市场预期内"靴子落地"行情，并未出现"紧缩恐慌"，但值得注意的是，美联储此次加息也意味着缩表的开始，新一轮的货币政策正常化也将随之启动。鉴于美国经济供需失衡令通胀居高不下，预计美联储将开始削减美联储对美国国债、机构债券以及机构抵押贷款支持证券的规模，未来货币政策正常化的速度将加快。

历史上历次全球流动性收缩往往都会引发新兴市场金融危机，因此，此次美联储加息和货币政策转向值得关注。鉴于本轮货币政策收紧周期的节奏较前几次流动性收缩更为紧凑，当前阶段全球经济复苏不平衡的问题也较上次加息周期更为突出，因此本轮货币政策调整预计将给新兴市场经济体和中国带来更为深刻的冲击。

一是美联储加息和货币政策正常化的影响下，跨境资金回流美国的速度会加快。跨境资金回流美国是美联储历次加息的普遍特征。资金外流将使当地市场股票、债券市场波动加剧，同时也使一些经济主体的外币融资更加困难。全球股市在本轮美联储加息前后表现振荡，欧洲、中国香港和中国内地股市均出现阶段性资金流出的征兆。

二是美联储加息使新兴经济体的负债风险进一步扩大。目前来看，新兴经济体的外币负债占比仍然很高，且结构性错配问题严重。预计2022—2023年，在美联储与全球流动性收紧的情况下，新兴经济体将会面临着债务的偿还高峰，部分新兴经济体的外债风险不容忽视。对于金融机构而言，美联储加息意味着持续升高的美元流动性风险。由于美元负债无法与美元资产相适应，因此，全球金融机构的美元资产和负债错配十分严重。在美联储加息的环境下，外汇远期、货币交换等资金筹集工具使金融机构的外币流动性风险进一步扩大。

三是新兴市场经济体可能会出现金融危机。由于美联储此次货币政策紧缩节奏比以往的流动性收缩更加紧凑，而目前世界范围内的经济恢复失衡问题也比较突出，因此，本轮货币政策调整预期则会对发展中国家、新兴市场经济体造成较大的影响。具体而言，新兴经济体相比发达经济体受到更大的疫情冲击，全球范围内的货币政策调整将对新兴市场经济体冲击更为明显；尤其是全球贸易摩擦的背景下，资本回流发达国家可能形成长期趋势，未来新兴市场经济体应通过结构性改革使内部结构更为优化，提高资产回报率以抵消发达国家货币政策调整对资本外流的影响。

四是从对中国的影响来看，美联储加息和货币政策正常化也将对中国货币政策造成影响。整体来看，美联储加息主要通过流动性和汇率两个途径对国内经济金融体系产生影响。在流动性方面，如果从流动性的角度考虑，联储加息对短期流动性是不利的，国内利率下降的空间将进一步缩窄，金融机构的短期流动性可能会出现短缺，但考虑到国内货币政策的独立性特征，可以通过信贷放松和货币政策宽松来抵消短期流动性短缺的局面。另外，对于人民币汇率而言，虽然联储加息将加剧人民币贬值预期，但由于前期人民币出现较大升值，人民币贬值的影响仍处于可控范围。除此之外，在全球贸易摩擦的背景下，资本回流发达国家可能形成长期趋势，从而加剧中国资本外流，但考虑到中国国家储备资产水平和外债结构，全球货币政策和流动性的收紧的整体影响仍在可控范围内。且鉴于目前人民币汇率形成机制较为完善，即央行可以使用货币篮子、中间价和货币浮动区间三种机制调控汇率，给做空人民币的"机构热钱"减杠杆的机会。

4. 地缘政治冲突加剧全球"滞胀"风险

2022年，全球政治经济环境复杂演变带来不确定性上升，加剧了全球范围内的"滞胀"风险。

第一，俄乌冲突等地缘政治因素导致全球生产链逆全球化发展，增加国际贸易经济的不确定性。俄乌冲突和制裁升级加剧全球经济不确定性，特别是造成欧洲地缘局势紧张，进一步扰乱全球供应链、抑制全球投资和贸易需求。全球经济或将重新面临衰退风险。

第二，不同经济体复苏分化等原因加剧了全球供应链的断裂风险。全球需求的逐步恢复带动了国际贸易，尤其是货物贸易的复苏。然而，2021年一些全球供应链瓶颈陆续显现，导致货物贸易订单积压和船运成本的提升。短期来看，加剧全球供应链断裂风险的因素包括：新冠变异株导致工厂和港口关停，气候变化引致的物流瓶颈，以及芯片和货运箱短缺。尤其是美国等西方国家正在着力构建"基于共同价值观"的产业链，其构建排华产业链的构想已得到了日本、德国等国的呼应，预计将对全球产业链形成新的冲击。

第三，俄乌冲突造成海运成本暴涨、石油等大宗商品价格明显上涨、用工成本不断提高，全球通胀明显升温。2022 年俄乌冲突进一步加剧了石油等大宗商品供应波动和价格暴涨，且此次大宗商品价格上涨可能会被气候变化和旨在摆脱化石燃料的能源转型放大，并增加中小型生产企业的成本压力。

总体来看，2022 年全球经济仍深受新冠疫情影响，全球经济在复苏的同时仍呈现出明显的分化特征，俄乌冲突更是加剧了全球经济的不确定性。在全球地缘政治冲突升温、经济复苏差异明显、货币政策转向不同步、贫富分化以及通货膨胀加剧等结构性问题的影响下，全球经济的"滞胀"风险不容忽视。

二 疫情等多重因素冲击上半年经济增速

根据国家统计局公布的数据，2022 年上半年，中国 GDP 为 562642 亿元，按不变价格计算，同比增长 2.5%，经济总体呈现稳定恢复态势。其中，第二季度 GDP 为 292464 亿元，按不变价格计算，同比增长 0.4%。

表 2 - 2　　　2022 年第二季度和上半年 GDP 初步核算数据

	绝对额（亿元）		比上年同期增长（%）	
	第二季度	上半年	第二季度	上半年
GDP	292464	562642	0.4	2.5
第一产业	18183	29137	4.4	5.0
第二产业	122450	228636	0.9	3.2
第三产业	151831	304868	- 0.4	1.8
农林牧渔业	19073	30643	4.5	5.1
工业	100333	193885	0.4	3.3
制造业	84216	162315	- 0.3	2.8
建筑业	22546	35575	3.6	2.8
批发和零售业	27447	53366	- 1.8	0.9
交通运输、仓储和邮政业	12113	22543	- 3.5	- 0.8
住宿和餐饮业	3806	7667	- 5.3	- 2.8
金融业	24249	48973	5.9	5.5
房地产业	18605	37535	- 7.0	- 4.6
信息传输、软件和信息技术服务业	12341	24468	7.6	9.2
租赁和商务服务业	7724	16281	- 3.3	0.9
其他行业	44227	91706	- 0.2	2

数据来源：国家统计局。

第二季度经济的减速主要受到疫情的冲击，预计在稳增长政策的作用下，下半年经济回暖的趋势有望延续。

1. 疫情后生产明显反弹，内需恢复仍显滞后

2022 年第二季度主要经济指标均较第一季度出现

大幅回落，经济景气大幅下降。与此同时，由于市场主体预期迅速下降，4月开始PMI回落到50%以下，消费者信心指数、中小企业信心指数等显著降低。进入5月后，由于疫情好转、经济活动逐渐触底回稳，政府出台一系列政策加速了生产恢复的力度。5月工业生产由负转正，基建投资加速，出口增速回升明显。6月工业增加值同比为3.9%，较5月大幅回升3.2个百分点。其中，汽车、通用设备、铁路、船舶、航天等运输设备出现了较快的增长。但由于市场主体的信心仍然受到疫情、外部环境的改变等因素的影响，内需的恢复仍需要较长时间。

2. 投资增速下降明显，房地产投资持续走弱

疫情冲击之下，地产、基建和制造业投资均出现明显下滑，第二季度固定资产投资增速同比仅为4.2%。

首先，在基建投资方面，6月基建投资当月同比增速为12%，较5月上行4.1个百分点。基建投资的上行显示出稳增长政策在发挥作用。伴随专项债的发行使用，以及其他稳增长政策的落地，预计未来基建投资有望上行。

其次，在制造业投资方面，6月制造业投资当月同比增速为9.9%，较5月上行2.9个百分点。制造业

投资的回暖显示了在稳增长政策的刺激作用下，企业投资活动在稳步开展。当前制造业投资的增速已经显著高于疫情前，但未来伴随出口的减速以及价格因素影响的弱化，制造业投资增速可能会逐步回落。

最后，在房地产投资方面，房地产投资于6月同比增速为 -9.6%，较上月仍下滑1.9个百分点。尽管目前已经出台了一系列旨在稳定房地产市场的政策措施，但居民部门对收入和房价预期的弱化，将对商品房销售形成负面影响。

3. 居民消费和就业边际回暖，结构性失业问题不容忽视

受4月疫情的影响，第二季度社会消费品零售名义同比增长 -4.9%，较第一季度回落8.2个百分点。但伴随疫情形势的好转，6月社会消费品零售同比增速3.1%，较上月大幅回升9.8个百分点。值得注意的是，央行城镇储户问卷调查和居民住户调查数据显示，第二季度居民部门的储蓄率出现大幅抬升，这一抬升总体对消费活动形成抑制。

在就业方面，由于上半年宏观经济形势恶化，加之新冠疫情的反复，经济增速出现下滑，失业率也随之提高。至2022年4月，城镇调查失业率高达6.1%，18—24岁人群失业率高达18.2%（见表2-3）。虽然

5 月以来，城镇调查失业率有所下降，但中国城镇居民面临较为严重的结构性失业问题。

结构性失业主要表现为两个方面，一是青年群体失业率高，2022 年 6 月，16—24 岁人群的失业率高达 19.3%，高于同期 25—59 岁人群的失业率 4 倍以上。二是受到经济增速下滑影响，外来人口失业率升高明显，4 月外来人口失业率高达 6.9%，明显高于本地户籍人群失业率（5.7%）。

表 2-3　　　　　　2022 年国内城镇调查失业率　　　　单位：%

	城镇调查失业率	就业人员调查失业率：16—24 岁人口	就业人员调查失业率：25—59 岁人口	就业人员调查失业率：本地户籍人口	就业人员调查失业率：外来户籍人口
2022 年 1 月	5.30	15.30	4.60	5.40	5.10
2022 年 2 月	5.50	15.30	4.80	5.50	5.60
2022 年 3 月	5.80	16.00	5.20	5.60	6.30
2022 年 4 月	6.10	18.20	5.30	5.70	6.90
2022 年 5 月	5.90	18.40	5.10	5.50	6.60
2022 年 6 月	5.50	19.30	4.50	5.30	5.80

数据来源：国家统计局。

4. 出口需求恢复增长，未来持续性较弱

2020 年中国出口复苏中起到决定作用的是防疫物资。2022 年以来，防疫物资对中国出口的拉动不再，加之国内疫情蔓延，4 月出口出现严重下滑。但 5 月以来，出口数据出现大幅反弹，呈现恢复性增长态势：5

月出口增速大幅反弹，同比增长 15.3%，环比增长 13.4%。2022 年 6 月，贸易差额为 979 亿美元，其中出口金额为 3313 亿美元，当月同比增长 17.9%，环比增长 7.7%，高于疫情之前水平。进口金额为 2333 亿美元，同比增长 1.0%，环比增长 1.7%，与疫情之前水平相当。

究其原因，出口和对外贸易大幅反弹的主因是随着复工复产的推进，物流及产业链得到较好修复，支持出口订单供应恢复，与此同时，全球主要需求国经济增速回落但仍有一定韧性，叠加人民币汇率小幅走弱带来出口优势，使得出口数据较快修复。

展望下半年，年内出口预计仍有韧性，仍能对经济基本面形成一定支撑，但趋势上看，同比增速或稳中有降。这一方面是因为 2021 年中国出口基数较高，另一方面，当前海外对原材料与中间品的需求增加而中国出口以机电为主，未来随着海外生产修复、进口需求回落，中国出口情况或将受到一定冲击。需要注意的是，长期来看，随着俄乌冲突带来的供应链重组，以及疫情后欧美国家供应链将充分地恢复，以及其他欠发达地区供应链逐渐恢复，中国出口的市场份额将面临进一步回落的压力。

5. 俄乌冲突和大宗商品价格上涨加大通胀压力

2022 年以来，受俄乌冲突影响，大宗商品价格居高不下，PPI 仍处于高位，但下游需求受疫情压制影响，PPI 向 CPI 传导的速度较慢。目前 PPI 向 CPI 传导的过程仍在持续，上游原材料价格正在逐步向中游加工和制造环节传导。

具体来看，2022 年 6 月全国居民消费价格指数（CPI）同比上涨 2.5%，第二季度 CPI 同比增长 2.2%，高于第一季度的 1.1%。上半年，CPI 同比增长 1.7%，高于 2021 年全年的 0.9%。6 月 CPI 加速上涨，主要由于能源价格飙升导致交通工具用燃料价格同比增长 32.8%，猪肉价格则月环比增长 2.9%，进一步推高通胀。

生产者价格指数方面，PPI 增幅在 6 月放缓至 6.1%，低于 5 月的 6.4%。就整个第二季度而言，PPI 的同比增幅从第一季度的 8.7% 下降至 6.8%。2022 年上半年，PPI 增幅则从 2021 年的 8.1% 放缓至 7.7%。总的来说，疫情缓解令供应链弹性得以增强，再加上高基数效应，6 月的工业通胀压力在同比基础上有所缓和。然而，不断上涨的原油和大宗商品价格仍在推高中国的工业通胀水平，6 月"石油和天然气开采业""石油、煤炭及其他燃料加工业""煤炭开采和洗选业"和"燃气生产和供应业"的价格分别同比上涨 54.4%、34.7%、31.4% 和 21.8%。

展望未来，一方面，能源和大宗商品价格波动将继续为消费物价水平和工业通胀带来压力，另一方面，考虑到政策将会在保证供应链弹性方面持续发力，整体消费及工业价格水平预计将保持稳定，全年通胀水平总体可控。

6. 货币政策总量结构齐发力，逆周期调控保证流动性宽裕

为了对冲疫情蔓延带来的不利影响，2022 年上半年货币政策在总量和结构上齐发力，逆周期调节力度加大。总量政策方面，2022 年 4 月，央行全面降准 0.25%，下调金融机构外汇存款准备金率 1%；5 月，央行再次将 5 年期以上 LPR 利率下调 15 个基点，进一步显示了央行稳增长的决心。结构政策方面，政策工具主要向支农支小、基建民生、低碳科技倾斜，进一步发挥了金融支持实体经济发展和转型的作用。2022 年 4 月央行对符合标准的城商行和农商行在全面降准 0.25% 的基础上额外多降 0.25%，并新设 2000 亿元科技创新再贷款和 400 亿元普惠养老专项再贷款。5 月央行新增 1000 亿元支持煤炭清洁高效利用专项再贷款，新设 1000 亿元交通物流专项再贷款，以加大对小微企业信贷支持。6 月，国常会部署新增 3000 亿元政策性开发性金融工具支持重大项目建设，主要支持基础设施领域投资。

展望未来，中国经济目前正受到多重负面因素的干扰，国内疫情反弹和内外部经济环境不确定性上升，都令中国经济面临较大的下行风险。在这样的大环境之下，央行将适时调整货币政策的宽松规模，通过下调存款准备金率（RRR）和贷款市场报价利率（LPR），加强对经济和金融市场发展的支持，确保经济活动的合理稳定增长。

三　财政收支呈周期性分化，收支缺口明显加大

受疫情蔓延和经济增速下滑影响，2022 年上半年，全国一般公共预算收入 105221 亿元，按自然口径计算下降 10.2%。全国一般公共预算支出 128887 亿元，比上年同期增长 5.9%，资金缺口明显扩大。

1. 一般公共预算收入同比降幅缩窄

2022 年 6 月，全国一般公共预算收入同比降低 10.5%，降幅较上月收窄 22 个百分点，其中，税收收入同比降幅从 5 月的 38.1% 收窄至 21.2%。究其原因，一般公共预算收入降幅收窄，部分源于当月留抵退税规模有所下降。根据财政部公布的数据，2022 年 4 月、5 月和 6 月分别有 8000 亿元、5400 亿元、3800

亿元等增值税留抵退税。不过，在扣除留抵退税因素后，6月一般公共预算收入同比增长5.3%，增幅实现由负转正。这表明，随着疫情的缓和以及稳增长政策作用不断显现，税基的修复使得税收收入有所增长。

从不同的税类来看，增值税、消费税、个人所得税收入都有很大的提升。以增值税为例，根据财政部公布的数据，2022年6月增值税收入较5月降幅收窄67.6个百分点，扣除留抵退税因素后，6月增值税收入同比增长7.4%，增速较5月回升10.9个百分点。究其原因，5月以来工业生产持续恢复，使得增值税收入明显增长。

2. 基建支出引领一般公共预算支出增长

2022年6月一般公共预算支出同比增长6.1%，继续引领一般公共预算支出增长。从分项来看，教育、科技、社会保障等分项开支增速超过5月增速，社会保障开支同比增速从负转正；同时，由于疫情状况有所缓解，卫生健康支出增速减缓。在基建类支出中，城乡社区事务支出明显增加，增长6.4%。整体而言，6月基建类支出同比增长9.3%，增速较5月加快2.7个百分点，提速幅度超过一般公共预算支出总体，这也意味着当前基建投资已经成为稳增长财政政策的主轴。

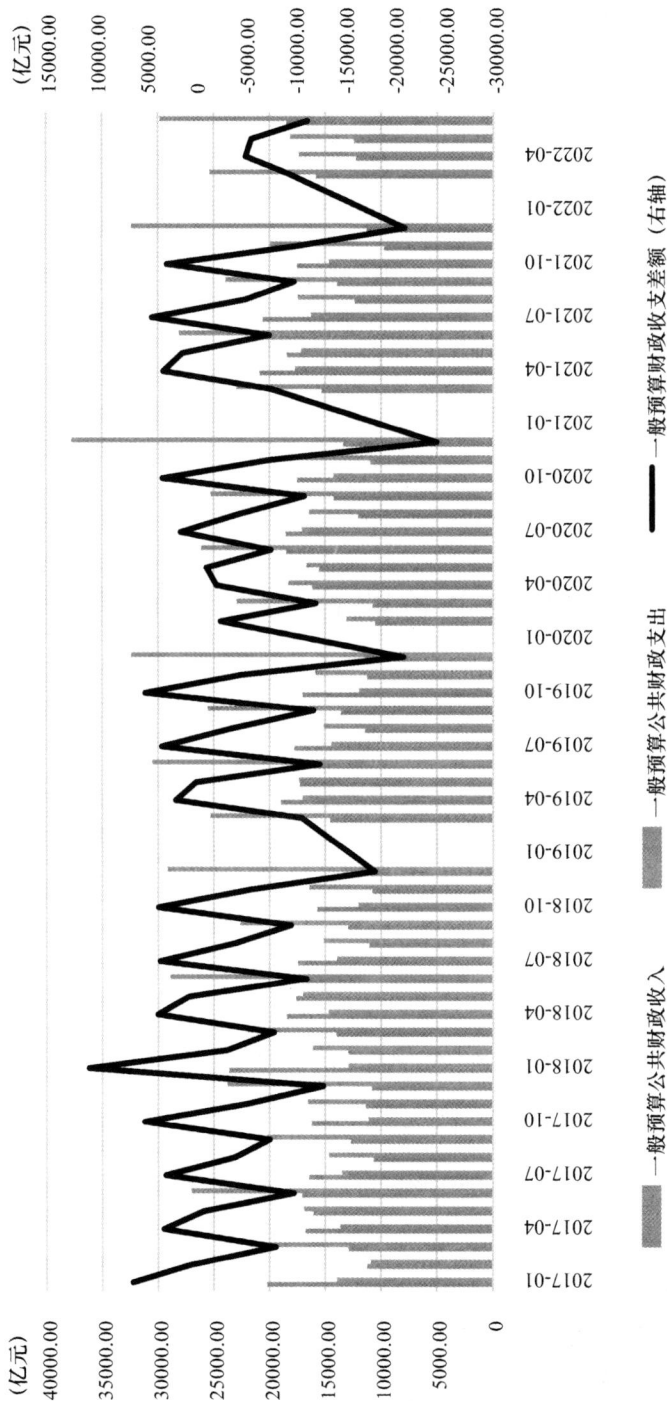

图 2 - 1 一般公共预算收支和资金缺口

数据来源：财政部。

从下半年来看，随着疫情缓解和稳增长政策的发力，经济增速恢复将促进税基的不断修补，加之留抵退税的实施高峰期已过，预计未来一般公共预算收入仍然将持续回升势头。但考虑到下半年宏观经济仍可能面临多重冲击，尤其是房地产市场不景气将给地方政府财政收入带来较大压力。与此同时，稳增长、保民生仍然需要财政支出端进一步发力，财政收支仍将面临较大缺口。

四　下半年和中长期中国经济增速判断

目前，中国经济增长的态势总体上趋稳，考虑到上半年疫情蔓延的影响逐步减弱，预计下半年经济增速仍将稳步回归潜在经济增速。整体来看，全年经济增速有望维持在4%以上。

（一）下半年宏观经济运行环境

展望下半年，为了稳定经济增长，应进一步优化防疫政策，并以基建投资等手段刺激内需，力促宏观经济回归潜在增长区间。

1. 防疫政策进一步优化

2022年以来，在"疫情防控与经济社会发展两手抓"总基调下，经济政策始终围绕稳住经济大盘这一主题，陆续制定了涉及保就业、小微企业纾困解难、减费降税、扩大有效投资、稳物流供应链、保障能源和粮食安全以及支持消费、出口和平台经济等一系列措施。防疫政策方面，疫情防控"九不准"等问责机制的加强均有助于让常态化疫情防控进一步科学化、精准化，确立了"动态清零"的疫情防控总方针，体现了"重点人群、重点防控"的分级分类防控思路，适度放宽了风险人员的管控期限和方式，进一步提高了疫情防控的可操作性，进一步提高了对疫情处置及信息发布的及时性要求，进一步提高了对各机构、各层级政府间的信息共享的要求，有利于最大限度统筹疫情防控和经济社会发展，并督促地方政府以更加科学精准的方式方法最大限度减少疫情防控对经济社会发展的影响。

2. 发挥基建投资的托底作用

在制造业和房地产投资低迷的情况下，基建投资是稳增长的主要抓手。就地方专项债发行来看，2022年6月发行规模近1.4万亿元，创单月发行新高。在政策的大力扶持下，水利、环境和公共设施管理等行业1—6月累计同比增速达到10.7%，电力、热力、燃气及水生产和供应业增速为15.1%，均明显高于2021年同期增速，预计第三季度基建投资仍将保持快速增长，基建投资成为短期内稳增长的主轴。展望下半年，在专项债加快使用、信贷等配套资金充裕、项目储备建设提速等积极因素影响下，基建投资增速有望进一步提高。

（二）未来经济增长将逐步回归潜在经济增速

1. 中国经济增长的外部环境分析

受全球疫情持续的影响，预计短期内全球经济仍将处于低速增长阶段。中长期来看，预计全球经济仍将保持增长态势，但也存在一些不利因素。一是人口红利逐步消退。由于资源、环境、生态等方面地球承载能力的限制，未来全球人口增长将呈现逐步下降趋势，这将推动劳动成本上升，影响全球企业的生产率，从供给方面给经济增长造成压力。二是发展中国家面临转型，全球经济增长的主要动力——发展中国家结构转型步伐将加快。

2. 2022 年经济增速预测

展望未来，当前政策力度下，预计全年 GDP 增长 4.0% 以上，如财政和货币政策持续发力，全年经济增长有望达到 4.5% 以上。就目前宏观经济形势来看，5 月以来虽然中国就业形势出现好转，失业率回到了 5.5% 的目标水平，但结构性失业问题仍在加剧，16—24 岁人口的失业率再创新高，达到了 19.3%。为了实现保增长和稳就业的目标，2022 年经济增长至少应维持在 4% 以上。具体而言，2022 年下半年宏观经济将呈现出四大特征。

一是基建投资预计将成为稳增长主力。基建投资受资金和项目支持政策加力推动，预计第三季度和全年增速将维持在 10% 左右。

二是房地产和制造业投资增速将相对疲弱。一方面，由于房地产需求持续低迷，年内房地产投资增速预计不会出现"V"形反转；另一方面，制造业投资受盈利承压、库存高位、出口回落影响，预计全年保持平稳增长。

三是消费和出口增长稳中趋缓。受居民就业增收困难、储蓄意愿上升和商品涨价以及外需减弱等因素影响，预计全年消费品零售总额增长和出口将维持低位。

四是通货膨胀压力有所增强。目前来看，考虑到俄乌冲突持续对大宗商品价格的影响，PPI 在短期内仍将维持较高增速。目前来看，虽然生活资料价格保持相对平稳，但随着下半年经济复苏，将对 CPI 涨幅有所推动。预计，下半年 CPI 将呈现温和上行走势。

3. 中长期经济潜在增长率预测

综合考虑影响中国潜在经济增长的要素投入及其变化规律，预计 2022—2025 年间 GDP 年均增速为 5.2%，全要素生产率将成为拉动经济增长的主要动力，随着对 R&D 投入的增加、人力资本增长以及通过改革增强市场活力，预计2026—2050年间GDP年均增长仍可以维持在3.5%左右。

表2-4　　　　　　　各要素对经济增长的贡献度和贡献率　　　　单位：%

经济增长阶段	GDP年均增速	资本存量		劳动力		全要素生产率	
		贡献度	贡献率	贡献度	贡献率	贡献度	贡献率
2022—2025年	5.2	2.57	49.42	-0.01	-0.19	2.64	50.77
2026—2050年	3.5	1.02	29.14	-0.01	-0.28	2.49	71.14

资料来源：笔者根据国家统计局数据测算而得。

五　疫情防控与经济社会发展两手抓，多渠道多举措稳增长

2022年下半年，一方面应坚持"疫情防控与经济社会发展两手抓"的总基调，在防疫政策上更加重视"科学精准"以及"常态化"管理；另一方面，经济政策上要积极创新宏观调控方式和工具，精准实施财政、货币、就业等调控政策。

1. 发挥政策托底作用，适度调整宏观调控目标

第一，以增量型政策实现稳增长。目前，各地政府在中央指导下结合地方实际陆续积极贯彻落实《扎实稳住经济一揽子政策措施》，至少已有26个省级行政单位就消费、投资、外贸、财政、货币金融、民生、

粮食能源安全以及供应链产业链等方面提出了稳经济政策。这表明各地政策以"稳经济""保就业"为首要目标，以扩大投资、促进消费、减免税费等为主要手段。从政策结构来看，虽然5月以来经济形势有所好转，但在结构上看，经济持续恢复基础仍不稳固：服务业生产仍弱于历史同期水平，制造业投资虽有回升但仍与疫前存在较大差距；就业虽有所改善，但青年就业压力进一步加剧。因此，为了保证全年经济增长和就业目标，亟须增量政策加码，可以通过扩大财政赤字率或发行特别国债等方式扩大积极财政政策空间。与此同时，货币政策应对财政政策进行积极配合，保证流动性总体宽裕。

第二，适度调整宏观调控方式，调控的政策期限更应锚定中长期。在当前阶段，宏观调控既要实现保增长和稳就业，又要保持稳定性和可持续性。因此，应适度调整宏观调控的方式和目标，可以公布两到三年的经济增长目标，在更长的周期内实现宏观调控目标。除此之外，还可以改经济增长的目标区间为预测区间，增强宏观调控的政策权衡空间。

2. 以基建投资为引导，发挥积极财政政策的稳增长作用

第一，明确积极财政政策的政策目标。就财政政

策面临的任务来看，短期而言，积极的财政政策要开源节流解决财政收支矛盾，中期要通过体制机制改革解决财政可持续性问题，避免陷入财政危机；长期而言，积极的财政政策必须站在国家治理和国家战略的高度，要立足人口老龄化、产业结构变化、解决收入不均等不平衡的矛盾、高质量发展、加快构建新发展格局、推动科技强国建设、充分调动中央和地方的积极性的角度构建新的财政和税收制度。在经济高质量发展阶段，积极的财政政策站在国家治理的高度，不仅要在短期发挥逆周期调节稳增长的作用，还要兼顾中长期经济增长质量和效益，实现稳增长与防风险、发展与安全的平衡，实现立足当前和着眼长远、短期经济社会稳定和长期经济内生增长能力的平衡。

第二，以积极财政政策实现稳增长目标。2022 年以来，为缓解疫情对市场主体的影响，财政部通过留抵退税扩面加量提速、专项债扩面提速、减免税费、延长税收优惠等手段，先后两次提出加大留抵退税政策实施力度、扩大留抵退税适用行业范围，全年退税规模增至约 1.64 万亿元，初步实现了降低企业成本和稳增长的政策目标。未来，为进一步巩固稳增长的政策效果，应充分发挥增量型财政政策的作用。就专项债而言，上半年已基本发行完毕，但受项目准备不足、论证过程复杂、支付程序繁琐等因素影响，部分地市专项债资金使用进度相对缓慢，部分资金存在限制，在一定程度上影响了专项债资金效应的发挥。考虑到当前国内疫情多地散发、经济下行压力加大、大规模留抵退税情况下，财政收支矛盾进一步加剧。未来，积极财政政策可以通过"跨期"和"跨账本"的方式以及特定国有金融机构和专营机构上缴利润等方式在收支两端做出积极的安排，缓解收支缺口。与此同时，应发挥大规模转移支付及资金直达机制的作用，支持落实退税减税降费以及保就业保基本民生等政策目标。鉴于目前稳经济政策力度已相对较大，特别国债可以作为政策"压舱石"使用。

第三，积极财政政策应重点关注基建投资和产业升级。在当前经济形势下，积极的财政政策要重点支持先进制造、民生建设以及具有较大乘数效应的基础设施项目。为此，积极财政政策应通过适度地调整相关企业所得税率、增值税税率等措施，促进企业扩大固定资产投资规模，从而推动企业扩大产能。同时，可以考虑适度调整增值税抵扣范围、再投资退税以及允许投资损失直接抵减资本利得的政策，支持中小企业、高新技术企业、战略性新兴行业的发展，以此促使中国经济结构由传统工业向高技术工业、投资主导向消费主导的调整和转换。

3. 注重货币政策创新，切实降低实体经济融资成本

第一，完善市场利率形成机制，提升货币政策传导有效性。从目前中国的情况看，在银行间市场日益成为金融机构主要拆借资金渠道的情况下，中国的利率市场化已经基本完成。有鉴于此，中国货币政策应以短期利率等更加市场化的手段进行调控，增强货币政策传导的有效性。为此，应进一步完善贷款市场报价利率（LPR）定价机制，根据宏观调控政策需求，以引导中小企业贷款和三农贷款参考 LPR 定价，在提高贷款利率市场化水平的同时，适度扩大利率报价的参与范围，实现利率结构性下调的效果。

第二，发挥结构性和增量型货币政策作用，切实降低实体经济融资成本。在货币政策方面，除价格型工具降息、数量型工具降准外，未来货币政策的主要发力点在于结构性工具，即针对重点领域和薄弱环节等进行"精准滴灌"，强化对实体经济、重点领域、薄弱环节的支持。2022 年以来，央行先后推出了近 6000 亿元再贷款工具，不断扩大结构性工具范围，具体包括 2000 亿元科技创新再贷款、1000 亿元交通物流领域再贷款、1000 亿元支持煤炭清洁高效利用专项再贷款、400 亿元普惠养老领域再贷款以及 1500 亿元民航应急再贷款。未来，央行再贷款范围有望进一步扩

大，以加大对受疫情影响较大行业、中小微企业、个体工商户以及个人的纾困支持。

第三，防范美联储货币政策调整的冲击。鉴于美联储加息和缩表步伐加速，未来中国货币政策要加强对美国金融市场和国际金融市场与跨境资金流动的跟踪，加强对跨境资金流出风险的预警；与此同时，应提高人民币汇率波动的弹性，扩大其浮动幅值，通过汇率手段构建外部冲击的防火墙。为了应对大宗商品价格上涨和输入型通胀风险，货币政策应在强化国际协调的同时，密切跟踪国际大宗商品价格的最新变化，制定合理的风险分级和政策响应机制，做好应对输入性通胀的预案和政策储备工作。

4. 推动产业技术创新，增强产业政策透明度

产业政策方面，应在加强对新兴战略产业扶持的基础上，更加致力创造促进公平竞争、鼓励创新的市场环境，并妥善处理好政府与市场的关系，增强产业政策的透明度。

第一，就未来新兴产业而言，绿色转型、数字经济和平台经济仍是未来经济转型的长期方向。在绿色转型和数字经济方面，应通过多种手段积极鼓励以风电、光伏和新能源汽车等绿色行业快速发展，并重点扶持骨干网络、数据中心等数字经济基础设施建设。平台经济政

策方面，鉴于平台经济在稳经济、保就业当中的重要作用，应在优化监管的同时，支持平台经济、民营经济持续健康发展，处理好政府和市场的关系，促进平台经济平稳健康发展，提高国际竞争力。

第二，加快工业基础产业链补短板。就目前来看，中国制造业产业链在一些高科技环节仍受制于人。为形成"双循环"发展格局，对于那些对未来投资具有战略意义的技术、处于供应链上游的技术或具有较长成熟度的技术，应该予以更大的政策支持和投资补贴。

第三，加强服务业的技术创新。长期以来，中国产业发展非常依赖外需和出口导向，导致制造业占比过高，服务业在一定程度上受抑制。未来产业发展更加依靠自主技术创新，尤其是更加依靠服务业的技术创新，对产业结构形成优化效应。为此，应加强企业自主研发，攻克产业发展的"卡脖子"环节，增强技术创新的可持续性。

5. 坚持因城施策和分类调控，促进房地产市场健康发展

房地产市场的局部下跌引发了购房者"断供"，对银行业和金融体系形成了负面冲击。究其原因，房地产是关系国计民生的重要部门，具有"牵一发而动全身"的行业特点，房地产市场的剧烈波动风险就更加

容易转化为银行信贷风险。因此，应建立完善房地产市场调控的总体框架，加快构建完善房地产市场长效机制，按照差异化原则推进因城施策和分类调控。

第一，以"市场化、差异化"为原则，因城施策分类调控。房地产调控应按照"市场化、差异化"发展原则，推动房地产市场与产业升级、城镇化推进和金融稳定协调推进、良性互动。在具体策略上，强化"分类指导、因城施策、力度适宜、监管严格"的工作思路，防范房价波动造成的局部风险问题。

第二，适度调整土地制度，构建房地产调控的长效机制。房地产长期稳定发展离不开土地制度的改革，要促进房地产市场平稳健康发展，应以人地挂钩为核心加快构建房地产长效机制，建立居住导向的新住房制度，使房地产回归居住属性。可以通过推行新增常住人口与土地供应挂钩等方式，优化城镇用地在城乡、地区和城市之间的配置，优化城镇城市工业用地、住宅用地、商业用地及公共服务用地等结构。

第三，完善住房保障体系，推进租售并举。进一步夯实地方政府在落实保障房建设的主体责任，充分动员社会力量积极参与保障房建设和维护，继续完善以廉租房、公租房、经济适用房、棚户区改造安置房、共有产权房为主体的住房保障体系。

6. 多渠道切实做好稳就业工作

首先，当前经济形势下，失业率高升是当前内需不振的体现。因此，稳就业的首要任务就是扩大内需。鉴于中小企业是稳就业的主力军，且疫情期间中小企业的发展面临重重困境，因此，对于中小微企业，应通过提供财政补贴和金融支持等方式支持其生存和发展，避免中小微企业破产引发的失业潮。

其次，当前失业呈现出明显的结构性特征。面对青年群体和外来人口的高失业，应通过搭建劳动力供需信息交流平台，完善劳动就业服务体系，建立统一的劳动力市场等，实现稳岗扩就业并举，保障就业民生。除此之外，还应健全社会保障体系，完善居民的失业保险制度，并通过提高对疫情中失业居民的补贴额度等措施，缓解居民失业的影响。

最后，还应适度扩大党政机关、事业单位、国有企业招聘应届高校毕业生的规模，积极拓宽基层就业渠道，促进高校毕业生就业。与此同时，要进一步做好公共就业服务，鼓励校企之间线上供需对接，推进职业指导服务进社区、进校园、进企业，通过多种渠道缓解青年群体就业压力。

（执笔人：闫　坤　汪　川）

2022 年第三季度中国宏观经济与财政政策分析报告

——宏观经济持续恢复向好 全球产业链地位稳中有进

内容提要：根据 IMF 于 2022 年 10 月发布的《世界经济展望》，全球经济增速将明显放缓，将从 2021 年的 6.1% 放缓至 2022 年的 3.2%。世界贸易组织于 2022 年 10 月发布预测，全球贸易预计在 2022 年下半年失去增长动能，2023 年增速将大幅下降。在经济增速下滑的同时，粮食和能源价格上涨以及供需失衡的持续存在推升了通胀预期。货币政策应对通胀效果有限却加大了不确定性风险。在应对通胀的过程中，主要经济体货币政策加速转向，一定程度上可以遏制需求拉动型通胀，但对于抑制供给冲击和成本推动型通胀的作用有限。主要发达经济体的货币政策正陷入控通胀和稳经济的两难。今后，各国复苏将取决于地缘政治缓和、逆全球化下降、本国国内政治社会稳定以及高效的经济政策，否则很可能延续当前的疲弱状态，而且假如发生俄乌冲突急剧扩大或能源等关键产业链供应链中断等重大冲击，全球或将加快进入衰退期。产业链断裂是全球经济衰退期的重大风险性问题。我们还认为，各国的低碳发展战略仍将长期持续。

2022年前三季度，中国经济在画出了一条N形增长曲线后，交出了前三季度GDP同比增长3.0%的成绩单。分季度看，第一季度GDP同比增长4.8%，第二季度GDP同比增长0.4%，第三季度GDP同比增长3.9%。中国经济运行持续恢复，第三季度增速企稳回升。消费增速上升但仍是限制中国经济增长的重要因素。基建和制造业投资提振固定资产投资，但房地产投资低迷。外贸形势好于消费投资和工业等国内经济。工业产业链供应链稳定恢复，服务业景气恢复至扩张区间；产业结构改善，高质量发展基础更加稳固。2022年内外部环境不确定性增加，经济下行压力加大，财政收支形势复杂。在财政收入压力较大的情况下，财政政策保持较高支出强度，大力实施新的组合式税费支持政策，对稳定宏观经济大盘起到了重要作用。然而，受到房地产行业不景气等因素影响，地方财政压力较大。需要特别注意的是，因财政资金不足等原因，部分地方政府强行增加罚没收入。

总体而言，从三驾马车来看，消费是未来增长的主要制约；从产业结构看，工业相对稳定，生活性服务业对疫情更加敏感，而生产性服务业的恢复所需时间则更长；从国内外双循环来看，国际形势更加复杂，但贸易数据优于国内经济数据，为中国扩大内循环并提升发展质量赢得了时间和空间；从经济金融风险来看，房地产和土地财政是最大的"灰犀牛"。在宏观政策继续发力下，预计第四季度经济增速比三季度继续加快，增长5%左右，全年为3.5%—4%。

近年来，中国产业链供应链总体向好，取得诸多显著成就。同时，也存在部分外资向越南、印度等东南亚和南亚国家转移的风险，需要作出正确认识并灵活应对。对于外资转移问题需要作出正确认识。首先，它是一个客观经济规律。其次，它是中国发展阶段所决定，尤其是"刘易斯拐点"之后所自然发生的。再次，它只是少数低端产业链的转移。最后，其风险在于对中国中西部地区的产业替代以及对中国长期"世界工厂"的替代。因此，部分产业转移是经济发展的客观规律，不宜过度解读，但短期要注意对中国中西部地区产业发展的冲击，长期则需要高质量发展来促进"世界工厂"转向"世界智造"。

第三季度，全球经济下滑、通胀严重且面临衰退风险，中国经济保持逐步恢复且在全球产业链地位上升。但中国财政压力较大，亟须优化财政政策、货币政策、产业政策和竞争政策等宏观调控体系，不断提升政策效力。

关键词：宏观经济恢复向好；全球产业链；地方财政

一　全球经济下行压力较大，
或将陷入长期衰退

世界银行、OECD、IMF 等国际组织都较大幅度下调了 2022 年、2023 年及中长期全球经济增长预测，主要经济体普遍面临增速下滑甚至长期衰退局面。

1. 主要经济体增长预期普遍下滑

全球经济增速下调。根据 IMF 于 2022 年 10 月发布的《世界经济展望》，全球经济增速将明显放缓，将从 2021 年的 6.1% 放缓至 2022 年的 3.2%，较 2022 年 4 月的预测值下调 0.4 个百分点。[①] 2023 年的全球经济形势更加严峻，IMF 将 2023 年的预测值下调至 2.7%，较 7 月预测值低 0.2 个百分点，预计 2023 年全球将出现大范围的增长放缓，占全球经济三分之一左右的国家将发生经济萎缩，美国、欧元区两大经济体将继续处于增长停滞状态，如表 3 - 1 所示。根据美

---

① 国际货币基金组织（IMF）：《世界经济展望》，2022 年 10 月。

国经济分析局数据，2022 年上半年，美国 GDP 环比折年率连续两个季度负增长，已陷入技术性衰退。2022年 8 月，白宫将 2022 年美国 GDP 增长预估从 3 月的3.8% 下调至 1.4%。

全球贸易增速也大幅下降。世界贸易组织于 2022年 10 月发布预测，全球贸易预计在 2022 年下半年失去增长动能，2023 年增速将大幅下降[①]。值得注意的是，全球经济的分化也将对服务贸易的复苏产生负面影响。此轮全球经济复苏中，供给恢复慢于需求恢复。对于服务贸易行业而言，这将造成一些生产链的中间节点断裂。

表 3 - 1　　　　　2020—2023 年全球经济增长率　　　　单位：%

统计项	年同比			
	2020 年	2021 年	2022 年	2023 年
全球	- 3.1	6.0	3.2	2.7
发达经济体	- 4.5	5.2	2.4	1.1
美国	- 3.4	5.7	1.6	1.0
欧元区	- 6.3	5.2	3.1	0.5
德国	- 4.6	2.6	1.5	- 0.3
法国	- 8.0	6.8	2.5	0.7
意大利	- 8.9	6.6	3.2	- 0.2
西班牙	- 10.8	5.1	4.3	1.2

---

① 连俊：《多机构示警全球经济可能衰退》，《经济日报》2022 年10 月 11 日第 12 版。

统计项	年同比			
	2020 年	2021 年	2022 年	2023 年
日本	-4.6	1.7	1.7	1.6
英国	-9.8	7.4	3.6	0.3
加拿大	-5.3	4.5	3.3	1.5
其他发达经济体	-1.9	5.3	2.8	2.3
新兴市场和发展中经济体	-2.1	6.6	3.7	3.7
亚洲新兴市场和发展中经济体	-0.8	7.2	4.4	4.9
中国	2.3	8.1	3.2	4.4
印度	-7.3	8.7	6.8	6.1
东盟五国	-3.4	3.4	5.3	4.9
欧洲新兴市场和发展中经济体	-2.0	6.8	0.0	0.6
俄罗斯	-3.0	4.7	-3.4	-2.3
拉丁美洲和加勒比	-7.0	6.9	3.5	1.7
巴西	-4.1	4.6	2.8	1.0
墨西哥	-8.3	4.8	2.1	1.2
中东和中亚	-2.8	4.5	5.0	3.6
沙特阿拉伯	-4.1	3.2	7.6	3.7
撒哈拉以南非洲	-1.7	4.7	3.6	3.7
尼日利亚	-1.8	3.6	3.2	3.0
南非	-6.4	4.9	2.2	1.1
低收入发展中国家	0.1	4.1	4.8	4.9

数据来源：国际货币基金组织（IMF）：《世界经济展望》，2022 年 10 月。2022、2023 年为预测值。

2. 通胀和货币政策成为引发不确定性的主要因素

在经济增速下滑的同时，粮食和能源价格上涨以及供需失衡的持续存在推升了通胀预期。主要经济体普遍出现 20 世纪 80 年代以来最高的通货膨胀。2022年 7 月，美国 CPI 同比上涨 8.5%，维持在近 40 年来的高位；欧元区 CPI 同比上涨 8.9%，为 1997 年有统计数据以来的最高水平。广大发展中国家则面临通胀高企、资本外流、债务危机等挑战。根据 IMF 的测算，按中位国家月度通胀折年率衡量，全球核心通胀从 2021 年年底的 4.2% 上升到 7 月的 6.7%，如图 3 - 1 所示。并且，全球通胀率将在 2022 年升至 8.8%。

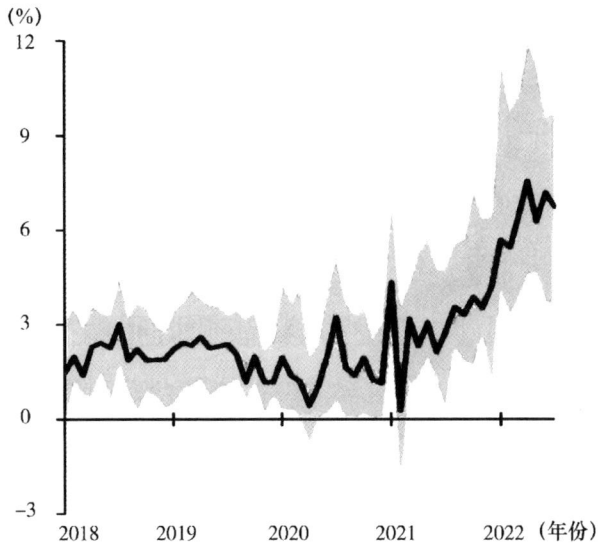

图 3 - 1　全球核心通胀率

数据来源：国际货币基金组织（IMF）：《世界经济展望》，2022 年 10 月。

注释：带状区域表示每个月通胀率的 25—75 百分位区间。

全球价格上涨的直接原因是供应链堵塞严重以及供需失衡。2022 年年初以来的俄乌冲突则进一步加剧了能源、大宗商品和食品价格的上涨压力。其中一部分价格上涨是暂时性的，但总体价格持续上涨时间将比最初预期的更长。长期来看，通货膨胀受到人口等趋势的推动。全球 75% 的人口正在老龄化，劳动力参与率逐渐降低，生产率增长呈明显下降趋势。与此同时，发展中国家的未利用产能（过去是通缩压力的一个主要来源）比往年要小。此外，由于疫情、气候变化、地缘政治紧张局势和冲突等各种冲击的影响，未来我们更有可能看到政策驱动下的供应链多元化，以及长期的伴随通胀压力的供给约束型增长。

货币政策应对通胀效果有限却加大了不确定性风险。在应对通胀的过程中，主要经济体货币政策加速转向，一定程度上可以遏制需求拉动型通胀，但对于抑制供给冲击和成本推动型通胀的作用有限。主要发达经济体的货币政策正陷入控通胀和稳经济的两难。一方面通胀骤起并一再刷新纪录，另一方面经济复苏陷入停滞且部分指标出现疲软。德银研究报告认为，美联储至少要加息至 5% 才能遏制高通胀，并认为这将使经济在 2023 年年底前陷入严重衰退，失业率也将最终上升几个百分点。[①] 2022 年 9 月，世界银行发布研究报告《伴随着加息，2023 年全球经济衰退的风险上升》，指出全球经济"正处于最近 50 年来全球范围内最同步的货币及预算紧缩时期"，各国央行加息可能会

---

① 《华尔街"最悲观"银行：为遏制通胀　预计美联储或加息到近 5%》，腾讯网，2022 年 9 月 19 日，https://new.qq.com/rain/a/20220919A06H8S00。

让 2023 年全球通胀率（除能源外）达到 5% 左右，这比疫情之前 5 年的平均水平几乎翻了一番；但要想让通胀回到各国货币当局期待的目标，可能还要再加息 2 个百分点，这或将导致 2023 年全球经济少增长 0.5%。[①]2022 年 10 月，联合国贸易和发展会议发布《2022 年贸易和发展报告》称，任何希望通过更高利率来降低价格却不产生经济衰退的想法是 "不谨慎的赌博"，过度货币紧缩会导致许多发展中经济体和一些发达经济体进入经济停滞和不稳定时期，发达经济体的货币和财政政策可能让全球经济陷入衰退和长期停滞。[②]

财政政策在缓和通胀、稳定经济增长方面的作用备受重视。IMF 总裁和美国智库认为财政政策要在抗击通胀中发挥作用。2022 年 9 月，IMF 总裁格奥尔基耶娃表示，当前世界范围面临的通胀是广泛且顽固的，各国有针对性的财政政策将会极大地有助于缓解通胀问题，反之，不恰当的财政政策可能成为货币政策的 "敌人" 而加剧通胀[③]。美国布鲁金斯学会哈钦斯财政与货币政策中心发表工作论文《后疫情时代的宏观经济稳定》，认

[①] 世界银行：《伴随着加息，2023 年全球经济衰退的风险上升》，2022 年 9 月。

[②] 连俊：《多机构示警全球经济可能衰退》，《经济日报》2022 年 10 月 11 日第 12 版。

[③]《国际货币基金组织总裁呼吁：各国央行须坚持不懈抗击通胀》，腾讯网，2022 年 9 月 17 日，https://new.qq.com/rain/a/20220917A00CAK00.html。

为在当前货币政策缺乏灵敏度的情况下，需要财政政策
在降低风险、减少进行预防性储蓄的需要和减少资本市
场失灵等方面发挥作用①。世界银行发布的《贫困与共
享繁荣报告 2022》充分肯定了全球各国财政政策对降低
新冠疫情对贫困的影响发挥的作用，据估计，如果各国
没有通过财政政策提供支持，发展中经济体的平均贫困
率会比现在高出 2.4 个百分点。并指出，全球各国需要
进一步改进财政政策以增强减贫效果：一是增加针对性
转移支付。现金转移支付是向贫困和脆弱群体提供支持
的更有效机制。二是避免采用普遍性补贴。例如，低收
入和中等收入经济体的能源补贴有一半是流向最富有的
20% 人口，因为他们的能源消费更多。三是加强国内收
入但不要伤害穷人。例如，财产税和碳税可以在不伤害
贫困群体的情况下增加财政收入②。

3. 全球长期衰退与否具有争议

全球经济陷入衰退的可能性在上升。从 1960 年以
来，原油价格涨幅超过 100% 的情形出现过六次，从前
面五次原油大涨来看，虽然其直接原因各不相同，但

---

① Korinek A., and J. Stiglitz, "Macroeconomic Stabilization for a Post-Pandemic World: Revising the Fiscal-Monetary Policy Mix and Correcting Macroeconomic Externalities", Working Papers, 2022.

② World Bank Group. Poverty and Shared Prosperity 2022. October 2022. https://www.worldbank.org/en/publication/poverty-and-shared-prosperity.

油价大涨后都出现了全球经济增速大幅下滑，那么这次（第六次）可能也不会例外。一些经济体已经出现收缩。例如，日本出现了日元大幅贬值和债券抛售现象，欧盟由于乌克兰危机而使得高通胀和经济衰退趋势明显。美国在加息和缩表的重压下，预期2023年出现经济衰退的可能性较大。即使石油和天然气价格大幅上涨，俄罗斯的GDP因受到欧美制裁影响预计仍将下降。今后，各国复苏将取决于地缘政治缓和、逆全球化下降以及本国国内政治社会稳定以及高效的经济政策，否则很可能延续当前疲弱状态，而且假如发生俄乌冲突急剧扩大或能源等关键产业链供应链中断等重大冲击，全球或将加快进入衰退期。

低收入国家的贫困问题更应引起重视。对许多低收入国家来说，粮食和能源价格飙升加剧了疫情的影响，这些国家正面临更艰难的时期。2022年10月，世界银行发布的《贫困与共享繁荣报告2022》认为，随着全球经济增长放缓，减少极端贫困方面的进展已基本陷于停滞。报告指出，新冠疫情大流行的2020年是一个历史性转折点——全球收入趋同的时代结束，收入日益走向分化。大流行给贫困群体造成的伤害最大：收入最低的40%人口承受的收入损失平均为4%，是最富裕的20%人口的两倍。

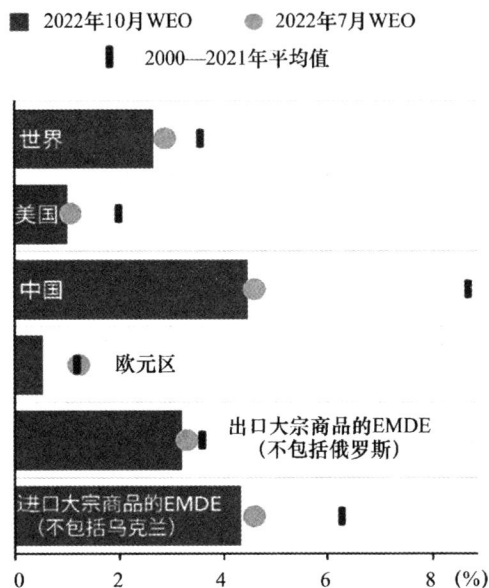

图 3 – 2　2023 年全球实际 GDP 增长率

数据来源：国际货币基金组织（IMF）：《世界经济展望》，2022 年 10 月。

　　产业链断裂是全球经济衰退期的重大风险性问题。新冠疫情三年来，全球产业从低产能国家（或地区）向高产能国家（或地区）转移，拥有更强产业竞争力的获得的这种"再分配"效果更大，导致全球产业链向发达经济体收缩。更严重的问题是，美国提出了供应链回归政策。尽管目前全球经济的混乱和市场失灵正在为各国政府干预经济提供借口，但美国政府显然没有认识到国际贸易的重要性，没有任何一个国家能在高度复杂的现代经济中自给自足，美国如果尝试这样，将会继续犯错并付出更大代价。当前各国对产业布局的争夺日渐激烈，国际产业转移本土化、多中心化和区域化发展趋势明显，部分国家的竞争力差、技术更新慢的产业链易被锁定在全球价值链低端环节。一些发展中国家为应对发达经济体的产业链脱钩和技术封锁风险，作出了一些保护性措施，却也在事实上进一步加剧了产业链的割裂。例如，印度要求苹果、三星、小米等智能手机兼容本土卫星导航系统，此举意在消除对外国卫星导航的依赖，特别是对于"战略部门"。

而且，越来越多的事例表明，主要经济数据背后的驱动因素不仅是经济活动本身，还包括公共卫生事件、地缘政治冲突、意识形态角力等一系列非经济动因。在非经济因素影响下，刺激经济发展的逻辑陷入怪圈。一边是经济增长乏力呼唤政策供给，一边是非经济政策造成的经济困局被视而不见且其负面效应被不断加码的政策进一步强化。从微观企业来看，处于供应链不同位置的企业受疫情影响不同，处于供应链上游的企业恢复更加迅速，而在处于供应链下游的企业中，不同类型的企业受疫情影响各不相同，但大都受到负面影响。

各国的低碳发展战略仍将持续。尽管面临通胀、衰退和产业链断裂等困境，全球应对气候变化的努力仍将长期坚持。首先，较高的化石燃料价格为各国政府和消费者提高能源使用效率和投资可持续能源解决方案提供了强有力的激励。从这个意义上来说，它们在一定程度上弥补了目前全球缺乏一个有效的碳定价机制的缺陷。稳定能源价格以鼓励对替代能源的投资可以缓解不利影响，但稳定价格不是指将价格稳定在最低的水平。其次，地缘政治局势也在推动清洁能源的发展。可再生能源在很大程度上不会产生外部依赖性。因此，绿色转型是增强能源系统韧性、应对能源问题政治化倾向的强大机制。最后，绿色转型是一个持续数十年的过程，在此期间，能源结构将逐步从化石能源转向清洁替代能源。在短期内，一些经济体，尤其是欧洲国家，可能仍会使用传统能源，包括煤炭，来满足它们的需求。但这并不意味着会影响全球能源转型和可持续发展议程的推进。

二　国内宏观经济持续恢复但财政压力较大

2022 年前三季度，中国经济在画出了一条"N"形增长曲线后，交出了前三季度 GDP 同比增长 3.0%的成绩单。分季度看，第一季度 GDP 同比增长 4.8%，第二季度 GDP 同比增长 0.4%，第三季度 GDP 同比增长 3.9%。中国经济运行持续恢复，第三季度增速企稳回升。三大需求持续回升，恢复发展后劲增强。工业生产快速恢复，产业结构明显改善。然而，受到房地产行业不景气等因素影响，地方财政压力较大，须谨慎应对。

1. 中国宏观经济继续向好

2022年前三季度，中国 GDP 为 870269 亿元，同比增长 3.0%，比上半年加快 0.5 个百分点。其中，第三季度 GDP 为 307627 亿元，同比增长 3.9%，比第二季度加快 3.5 个百分点。第三季度，尽管各地陆续发生小范围、短时期的疫情，但由于上海大规模疫情结束，全国整体经济形势较好。

消费增速上升仍是限制中国经济增长的重要因素。第三季度社会消费品零售总额同比增长 3.5%，而第二季度为下降 4.6%。受疫情反复影响，9 月社会消费品零售总额同比增长 2.5%（前值为 5.4%），增速有所放缓。也就是说，尽管第三季度消费转为正增长，但季度末的 9 月已出现乏力迹象。2022 年以来，消费需求总体比较疲弱，如图 3-3 所示。一方面是在疫情冲击、失业率增加、各种不确定性因素增加的背景下，居民的消费信心、意愿和消费能力都有所降低。另一方面则受到收入分配结构不合理、居民收入差距大等长期问题所影响。2022 年前三季度，消费、投资、出口对经济增长的贡献率分别为 41.3%、26.7%、32.0%，对比 2021 年 65.4%、13.7%、20.9% 的经济增长贡献率有明显区别，消费贡献大幅下降。从价格来看，1—9 月，全国居民消费价格比上年同期平均上涨 2.0%，处于较低的稳定区间。

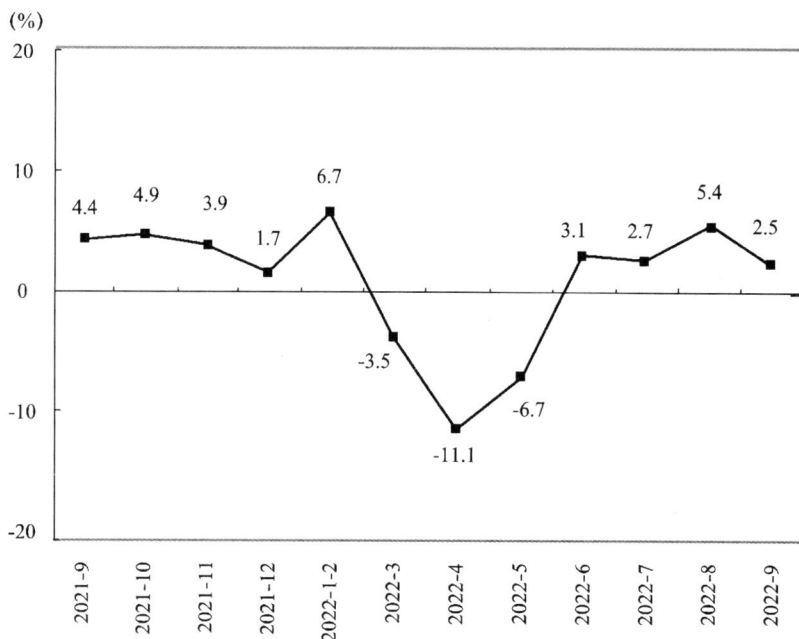

图 3 - 3　中国社会消费品零售总额同比增速

数据来源：国家统计局、wind。

基建和制造业投资提振固定资产投资，但房地产投资低迷。第三季度固定资产投资增长 5.7%，比第二季度加快 1.5 个百分点。1—9 月全国固定资产投资同比增长 5.9%（前值为 5.8%），如图 3 - 4 所示。三大投资中，基建和制造业投资依旧保持较快增长，这很大程度上得益于积极财政政策等一揽子稳增长政策措施的持续发力。其中，基建投资同比增长 8.6%，增速比 1—8 月加快 0.3 个百分点，连续五个月回升；制造业投资增长 10.1%，增速比 1—8 月加快 0.1 个百分点。不过，房地产投资依旧低迷。1—9 月全国房产开发投资下降 8.0%，1—8 月为下降 7.4%，如图 3-5 所示。

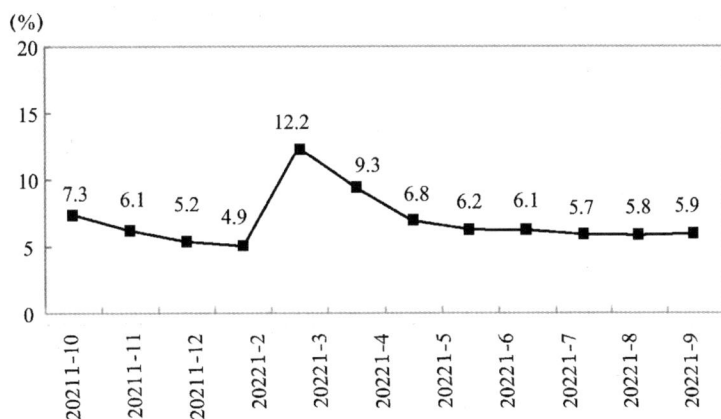

图 3-4　中国固定资产投资（不含农户）同比增速

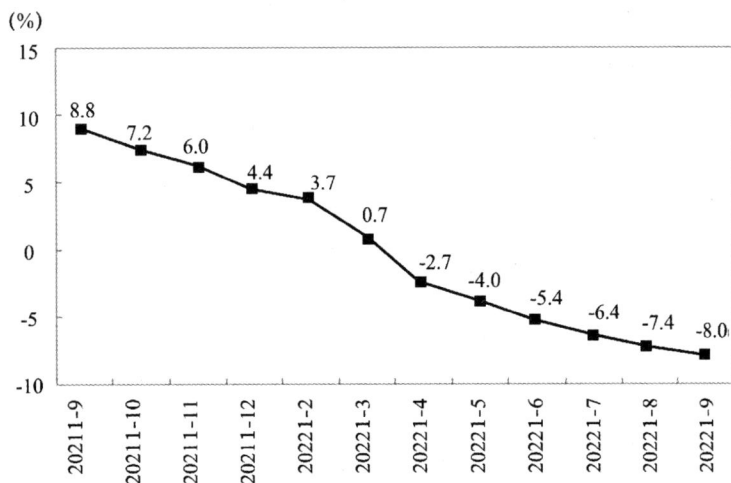

图 3-5　全国房地产开发投资增速

数据来源：国家统计局、wind。

　　外贸形势好于消费投资和工业等国内经济。前三季度，中国进出口总值31.11万亿元人民币，比2021年同期增长9.9%。其中，出口17.67万亿元，增长13.8%。数据显示，前三季度货物和服务净出口对经济增长贡献率为32.0%，拉动GDP增长1.0个百分点。其中，第三季度货物和服务净出口对经济增长贡献率为27.4%，拉动GDP增长1.1个百分点。而且，相比上一年，2022年净出口对GDP的贡献提升，体现了中国外贸较强的发展韧性。

　　工业产业链供应链稳定恢复超预期。第三季度，全国规模以上工业增加值同比增长4.8%，较第二季度回升4.1个百分点。其中制造业同比增长4.1%，较第二季度回升4.3个百分点。9月规模以上工业增加值同比增长6.3%，比上月加快2.1个百分点。纵观1—9月的工业增加值增长速度可以发现，呈现V形反转态势，如图3-6所示。其中，汽车制造业快速恢复。三季度汽车制造业产能利用率达到75.7%，环比回升6.6个百分点，增加值同比由第二季度下降7.6%转为大幅增长25.4%，对工业经济拉动作用显著。值得一提的是，第三季度工业生产还克服了部分省份电力紧张问题而成功实现反弹，实属不易。2022年7—8月，高温、干旱天气席卷全国，居民用电大幅增加、水力发电减少，导致电力紧张、制约工业生产，尤其是四川、重庆等多地出现拉闸限电现象。今后，在全球变暖、极端天气越发频繁、电力供给弹性偏低等因素影响下，冬夏限电可能成为"常态"。

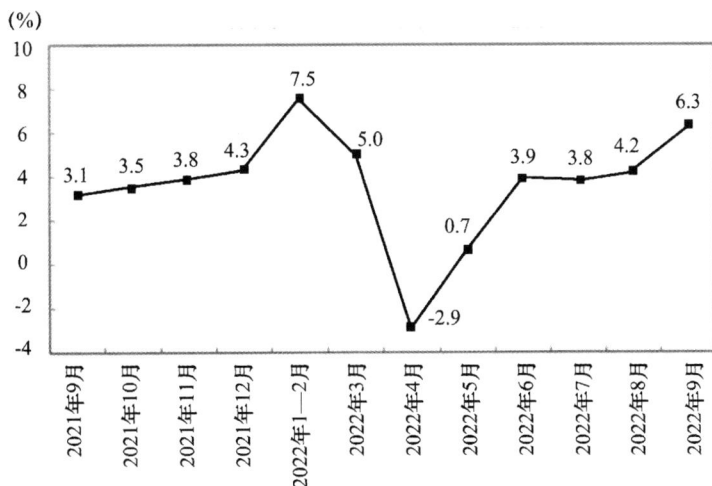

图 3-6 2022 年中国规模以上工业增加值同比增长速度

数据来源：国家统计局、wind。

服务业景气恢复至扩张区间但仍处低位。第三季度，服务业增加值同比增长 3.2%，第二季度为下降 0.4%。这主要是由前期刚性生活需求和商务需求得以释放的结果。比如，企业在线上谈成的合同需要实地签约，投资机构和科研院所在已有研究基础上密集开展实地调研，个人的理发等刚性生活需求较疫情严重时期也明显提升。与此同时，人们的改善性需求也不断扩大，外卖转为堂食、线上观影转为影院看电影、周边游转为异地游。而且，高考、中考结束后，暑期培训和旅游也迎来小高峰，这都利好服务业的发展。前三季度，服务业增加值同比增长2.3%，比上半年加快0.5个百分点，服务业生产指数同比增长0.1%，其中9月份服务业生产指数同比增长1.3%，仍处于较低水平。从行业情况看，邮政、电信广播电视及卫星传输服务、货币金融服务等行业商务活动指数位于60.0%以上较高景气区间。

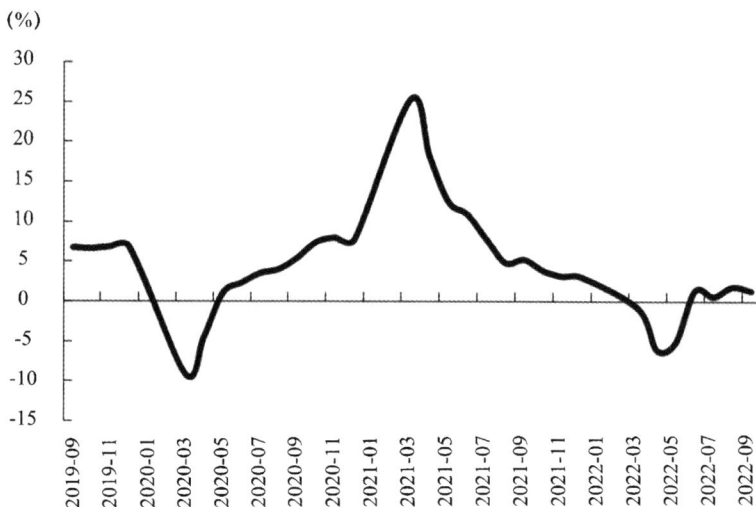

图3-7　中国服务业生产指数当月同比

数据来源：国家统计局、wind。

产业结构改善，高质量发展基础更加稳固。前三季度，高技术制造业、装备制造业增加值同比分别增长8.5%、6.3%，快于全部规模以上工业4.6个、2.4个百分点；信息传输、软件和信息技术服务业，金融业增加值分别增长8.8%、5.5%，也明显快于服务业的总体增速。从投资结构来看，前三季度，中国高技术产业投资增长 20.2%，其中高技术制造业和高技术服务业投资分别增长 23.4%、13.4%。高技术制造业中，电子及通信设备制造业、医疗仪器设备及仪器仪表制造业投资分别增长 28.8%、26.5%；高技术服务业中，科技成果转化服务业、研发设计服务业投资分别增长 22.1%、18.7%。

就业形势有所好转。第三季度全国城镇调查失业率平均为 5.4%，比第二季度下降 0.4 个百分点。从就业的主体人群看，25—59 岁劳动力失业率第三季度均值为 4.4%，明显低于第一季度 4.9% 和第二季度 5.0% 的均值水平；本地劳动力失业率三季度均值为 5.3%，比第二季度下降 0.2 个百分点。

金融统计数据显示出经济复苏向好的积极信号。前三季度人民币贷款增加 18.08 万亿元，同比多增 1.36 万亿元；社会融资规模增量累计为 27.77 万亿元，比上年同期多 3.01 万亿元。9 月份新增人民币贷款 2.47 万亿元，同比多增 8108 亿元；9 月社融增量为 3.53 万亿元，比上年同期多 6245 亿元。

2. 财政在稳增长方面作用凸显但承受较大下行压力

2022 年内外部环境不确定性增加，经济下行压力加大，财政收支形势较为复杂。在财政收入压力较大的情况下，财政政策保持较高支出强度，大力实施新的组合式税费支持政策，对稳定宏观经济大盘起到了重要作用。

财政收支缺口较大。经济下行、减税降费政策、PPI趋降、房地产遇冷等多重因素交织，导致1—9月累计财政收入和税收收入分别下降6.6%、11.6%（按自然口径），下行较大。剔除留抵退税后，前九个月财政收入和税收收入分别增长4.1%、1%。而1—9月财政支出则同比增长6.2%。一抑一扬间，财政收支矛盾凸显。

地方财政的困难程度超预期。目前，郸城县公交停运，乐山将景区收入一次性打包进行买断，很多县级交通部门开始促销卖罚单，同时还有南充阆中拍卖学校机关事业单位食堂的特许经营。这些现象表明，地方财政已经举步维艰。稳经济一揽子措施，大量的工程，大量的项目，一些政策的落实都要依靠基层政府，地方财政来进行落实。这个现象是政策实施中要重点关注的一个问题，也就是各项政策层层分解，相应的一些财权、事权都落地到基层，但是基层目前在几年疫情的挤压下已经出现了严重的透支现象，透支的状况比我们想象的压力要大。

疫情冲击使经济承压，受此影响财政收入降幅显著，"抗疫财政"支出特征明显。2022年中国先后出现吉林、上海等地的疫情冲击，特别是上海作为全国经济重镇，产业链、供应链受到冲击。一些受疫情冲击的地区，经济负增长，导致全国经济走弱。经济决定财政，经济下行引发了税收收入大幅下降。尽管其中有减税降费等因素影响，但疫情冲击对财政收入的影响也十分显著。我们还需注意到，疫情不仅导致财政收入减少，还加大了财政支出压力。2022年前三季度，与抗疫相关的卫生健康支出约1.6万亿元，比上年同期增长10.7%。

影响地方财政收入的更大更长久因素是土地财政的终结。近期，各地土地财政基金类支出正增长，但是土地出让金收入出现腰斩现象，特别是很多三、四线城市的腰斩是一个普遍现象。房地产市场低迷使得土地出让及相关税收收入锐减。2022年前三季度，全国政府性基金预算收入约4.6万亿元，比上年同期下降24.8%。其中收入占比最大的地方政府性基金国有土地使用权出让收入38507亿元，比上年同期下降28.3%。此外财政收入下滑，还有PPI从高位回落等因素的影响。中国以流转税为主体的税制，与价格关联度非常高。2021年财政收入的高增长，重要因素就是PPI高企。2022年以来，PPI呈回落态势，7月已回落至4.2%，这也将对财政收入增长带来一定的负面影响。

　　根据有关测算，疫情三年来，对于商品房销售的下行趋势，收入、利率等传统解释变量所不能解释的部分正逐步扩大，呈现出非线性变化特征，如图 3 – 8 所示。

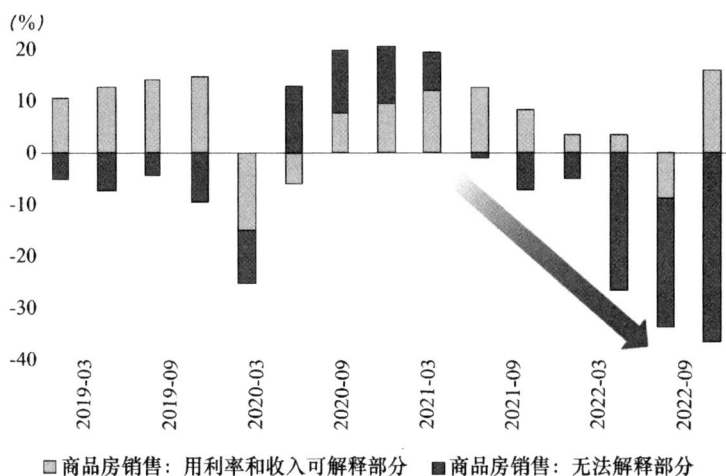

图 3 – 8　近三年中国商品房销售趋势

数据来源：伍戈：《经济，倚赖确定性》，财新网，2022 年 10 月 20 日，https：//opinion. caixin. com/m/2022 – 10 – 20/101953676. html。

　　而且，国有资源资产有偿使用收入具有不可持续性。2022 年前三季度，非税收入 28786 亿元，比上年同期增长 23. 5%。国有资源资产有偿使用收入是一般公共预算非税收入中最大的一项，包括处置闲置房产、矿业权和景区经营权转让等。2021 年全国财政决算显示，国有资源资产有偿使用收入在全国财政收入（指一般公共预算）中的比重为 5%，在地方财政中的比重则达到 8. 3%，高于全国。从调研及各地公布的信息看，各地盘活国有资产（产权）的途径主要有处置安置房等闲置房产、矿业权、景区和车位等资产经营权等。该项收入的风险主要是可持续性不佳。政府将未来数十年的产权收益一次性拍卖，不能成为获取经常性、稳定性财政收入的手段。

需要特别注意的是，因财政资金不足等原因，部分地方政府强行增加罚没收入。突击罚款收费不仅弱化减税降费的效果，而且对营商环境产生负面影响。乱罚款、乱收费破坏企业生态。其一，罚款的主观性较强、规模不定，对财政而言是一种不稳定的收入，对企业而言冲击经营预期。其二，乱罚款乱收费缺乏公平性，"关系户"少罚少收、一般企业多罚多收，严重扰乱市场公平竞争。2022年9月，国务院办公厅发布《关于进一步优化营商环境降低市场主体制度性交易成本的意见》（国办发〔2022〕30号），其中把"进一步规范涉企收费"作为一条重要内容，明确提出："严厉查处强制摊派、征收过头税费、截留减税降费红利、违规设置罚款项目、擅自提高罚款标准等行为。"

3. 对未来趋势的判断

2022年10月召开的党的二十大提出，从现在起，中国共产党的中心任务就是团结带领全国各族人民全面建成社会主义现代化强国、实现第二个百年奋斗目标，以中国式现代化全面推进中华民族伟大复兴。这为我们稳定经济增长和促进经济高质量发展指明了前进方向并注入了强劲动力。

当前，经济已经进入修复通道，内生动力有望驱动第四季度经济增长向潜在增速回归。前三季度，随着稳经济一揽子政策不断发力，经济恢复显著，高于市场预期。其中，供给端的工业生产恢复超预期，需求端的固定资产投资增速加快。不过受疫情等因素影响，与年中时市场预测的下半年经济将强劲反弹仍有一定差距，经济增速距离中国经济潜在经济增速仍有一定距离。前三季度经济增速为3.0%，意味着全年达到4%的话，第四季度经济增速要达到6.5%以上，但目前来看达到这一增速比较困难。第四季度，倘若疫情趋缓，受疫情影响较大的生活性服务业将率先恢复，金融、商务等生产性服务业则会在整体宏观经济进一步好转形势下缓慢恢复。但由于疫情影响仍长期存在，消费者储蓄意愿提高，购置房产和汽车等大额消费、超前消费、信贷消费仍不高。因此，从三驾马车来看，消费是未来增长的主要制约；从产业结构看，工业相对稳定，生活性服务业对疫情更加敏感，而生产性服务业的恢复所需时间则更长；从国内外双循环来看，国际形势更加复杂但贸易数据优于国内经济数据，为中国扩大内循环并提升发展质量赢得了时间和空间；从经济金融风险来看，房地产和土地财政是最大的灰犀牛。

在宏观政策继续发力下，预计第四季度经济增速比三季度继续加快，增长 5% 左右，全年为 3.5%—4%。中国人民大学重阳金融研究院、中国银行研究院、植信投资等专家学者，也普遍预计四季度 GDP 将扩大至 5% 左右，整个 2022 年中国经济实际增长率在 3.5% 左右。[①]

三 中国产业链地位稳步提升——兼论在华外资的产业转移

2022 年 9 月 19 日，国家主席习近平向产业链供应链韧性与稳定国际论坛致贺信时强调，"保障本国产业链供应链安全稳定，以实际行动深化产业链供应链国际合作"。近年来，中国产业链供应链总体向好，取得诸多显著成就。同时，也存在部分外资向越南、印度等东南亚和南亚国家转移的风险，需要作出正确认识并灵活应对。

1. 中国产业链韧性和安全水平不断增强

第一，内循环强化了中国产业链供应链韧性。近年来，中国通过扩大内循环，并建设高效规范、公平竞

[①] 孙颖妮：《超预期回升，三季度 GDP 增速扩大至 3.9%》，《财经》杂志微信公众号，2022 年 10 月 24 日。

争、充分开放的全国统一大市场，不断发挥超大规模市场优势，促进商品要素资源在更大范围内畅通流动，极大提升了中国产业链供应链的韧性。一些企业通过数字化、扁平化等方式构建敏捷组织、理性管理模式，一些数字平台从"电商"跨度到"以供应链为基础的技术与服务企业"，一些地方则在都市圈、城市群和各类区域发展战略基础上建立跨省市产业链供应链协作机制，以提高应对外部环境不确定性的响应能力。

第二，产业链供应链的完备性在疫情等危急时期保障了经济发展的安全性。由于在全球产业分工中具有完备的工业体系和强大的国内市场，中国产业链供应链在受到外部冲击后仍能保持生产、分配、流通、消费各个环节畅通，维持产业链上下游各环节环环相扣，供应链前后端供给需求关联耦合、动态平衡的状态。即，中国经济发展经受外部冲击后的恢复能力较强。联合国工业发展组织发布的 2022 年工业发展报告指出，与其他经济体相比，面对新冠疫情冲击，中国预计产出损失水平更低、经济复苏更快。2022 年 7 月，日本经济新闻汇总的"100 名日本企业家问卷调查"则表明，尽管逾 5 成日本企业家回答"在华业务风险正在上升"，但在"今后 10 年如何调整自身的在华业务比重"这一问题上超过半数企业家表示"提高"或"维持现状"，没有任何企业家选择"撤退"。

第三，外资积极融入中国关键产业链。近年来，外商投资主动与中国发展战略领域相契合。据统计，2021年国际风险资本对华投资大都流向了芯片、人工智能、生物技术等硬核技术领域，正是国家科技创新战略和"十四五"规划等重点指向的领域，这与前几年风险投资集中流向电商为代表的消费互联网行业大为不同。2022年5月，中国欧盟商会发布《碳中和：欧洲企业助力中国实现2060愿景》表明，67%的在华欧洲企业已设立碳中和目标并开始采取行动。[1] 中国欧盟商会发布的《商业信心调查2022》则表明，欧洲企业的中国业务正在加强本地化，计划本地化供应链的企业数量是计划转移供应链的企业的8倍，且有75%企业已将信息技术基础设施和数据存储基础设施本地化。[2] 但值得关注的是，许多在中国开展业务的跨国企业已经开始收缩外派人员队伍。2022年9月，中国欧盟商会发布《欧盟企业在华建议书2022/2023》估计，居住在中国的欧洲人数较疫情前水平大致减半，降至约6万人。[3] 总体看，外资加大对中国芯片、低碳等产业链投资并加强本地化运营，将为中国产业链供应链

---

[1] 中国欧盟商会：《碳中和：欧洲企业助力中国实现2060愿景》，2022年5月。

[2] 中国欧盟商会：《商业信心调查2022》，2022年6月。

[3] 中国欧盟商会：《欧盟企业在华建议书2022/2023》，2022年9月。

安全作出更大贡献。①

2. 中国在新能源等"未来产业"上占据世界领先地位

中国的新能源在全世界拥有较大优势，风电和太阳能的装机容量占世界的一半，而且新装机容量基本上一半也在中国。如前文所述，应对气候变化和发展新能源行业是欧洲乃至全球的长期重大议题，在能源价格上涨的当下势必强化而不是削弱各国发展新能源的激励。而在太阳能电池板等新能源设备生产、风电核电等电站建设、低碳技术研发和应用等各领域，中国都在全球占据绝对优势。

新能源汽车是一个典型。随着中国电动汽车制造商开始加强对出口市场的关注，中国汽车行业崛起将影响全球汽车市场格局。1—9月，新能源汽车产销分别达到471.7万辆和456.7万辆，同比增长1.2倍和1.1倍，产销超越2021年全年，在全球占比超50%。②1—9月，中国汽车企业共出口211.7万辆，同比增长55.5%，已超过2021年全年出口量，已超越德国成为

---

① 刘诚：《以稳外资助力稳增长和高质量发展》，《中国财经报》2022年6月14日第7版。

② 《中国新能源汽车前三季度产销超越去年全年》，中国产业经济信息网，2022年10月13日，http：//www.cinic.org.cn/hy/yw/1365824.html。

仅次于日本的世界第二大汽车出口国。① 其中，新能源汽车出口 38.9 万辆，同比增长超过 100%。2022 年 7 月，比亚迪已取代特斯拉成为全球销量最大的电动汽车生产商，同时超过韩国 LG 集团，成为全球第二大电动汽车电池生产商，仅次于中国的宁德时代，这表明中国在该行业的主导地位正在上升。比亚迪的崛起突显中国在可再生能源领域强势地位及在大部分供应链中拥有的规模和成本优势。2022 年第一季度，中国的电动汽车在欧洲市场的占有率已达 10%，而燃油汽车在世界其他国家的份额几乎为 0。可见，借助全球能源转型，中国汽车行业已经实现了弯道超车。

中国通过多边平台引领新能源产业链国际合作。2022 年 9 月 16 日，上海合作组织成员国领导人在撒马尔罕市举行元首理事会会议，并发表宣言。成员国重申，继续完善全球经济治理体系十分重要，将继续维护和巩固以世界贸易组织的原则和规则为基础的开放、透明、公正、包容、非歧视的多边贸易体制。不应利用气候议程采取限制贸易和投资合作的措施。将努力与有关国际机构开展积极对话，吸引环保领域联合项目及计划投融资，引进新的绿色清洁技术，提高绿色

---

① 《出口关注！今年前三季度中国出口汽车量，跃居世界第二！》，搜狐网，2022 年 10 月 24 日，https://www.sohu.com/a/594864295_ 120465227。

经济的比重。

此外，与新能源行业一样，数字经济也是重要的未来产业。今后，全球几乎所有行业和领域都将或多或少实现数字化转型。中国已经走在抢抓数字化的前列。例如，传音控股在国内名不见经传，但在非洲智能手机市场上的影响力远超过苹果和三星。2022 年上半年，中国的传音控股在非洲智能机市场占有率超过40%，排名第一。

3. 理性认识外资转移风险并谨慎对待

一方面，关键技术、设备和物资仍面临"卡脖子"风险，且欧美进一步加大技术封锁。当前，受疫情冲击和乌克兰危机的影响，欧美同盟"向心力"增强，联手对外加大技术和物资封锁。以美为代表的发达国家相继提出"再工业化"战略和制造业回流计划，影响到中国产业链供应链的完整性和可控性。例如，2022 年 8 月美国总统拜登正式签署《芯片和科学法案》，意图提高美国对全球芯片供应链的控制能力，携手"盟友"共同阻止先进芯片产能对华投资。

另一方面，部分外资呈现向印度和东南亚转移迹象，存在替代中国超大市场优势的长期风险。从中美贸易争端开始到今天，全球产业链重新布局已成为一项共识。由于国内外经济下滑、疫情反复等原因，在华外资企业出现一定的经营困难，国内一些地区产业链供应链外迁趋势渐露端倪。与此同时，印度和东南亚成为全球产业链供应链多中心化趋势的载体。例如，苹果、三星、谷歌等跨国公司近期均宣布将印度作为重要制造业基地。更值得关注的是，少数外资将这种短期经营困难视为未来的常态，并对中国经济潜在增长率、对外开放态度、政策稳定性产生了一定的担忧。长此以往，若这种少数外资的担忧不断发酵，则可能严重影响中国超大规模市场优势的国际吸引力，甚至影响中国在国际政治经济格局中的地位。

对于外资转移问题需要作出正确认识。首先，它是一个客观经济规律。一个国家的比较优势并不是一成不变的。随着经济发展和技术水平的提高，一个国家的比较优势也会出现变化，这就会导致全球价值链出现地理布局的重构。经过40多年的发展，中国的人均GDP已经超过12000美元，进入了高收入国家的行列。与许多发展中国家相比，中国已不再拥有从事低技术和劳动密集型产业的比较优势。事实上，一些低端产业向东南亚等地区转移对中国有利，中国从这些地区进口纺织服装而向其大规模出口制造业中间产品以及高端消费品，有助于实现全球价值链的攀升。

其次，它是中国发展阶段所决定，尤其是"刘易斯拐点"之后所自然发生的。以越南为例，在经历因严格实施社交距离措施和 2021 年第三季度 GDP 急剧下降之后，越南经济从 2021 年秋季开始重拾复苏势头，2021 年第四季度经济增长 5.2%，2022 年第一季度增长 5.1%，2022 年第二季度增长 7.7%。2022 年 8 月，世界银行发布报告《2022 年 8 月越南经济更新报告：教育促进增长》对越南经济前景仍然看好，预计 2022 年 GDP 将增长 7.5%，2023 年增长 6.7%。[①] 根据越南官方数据，2022 年第三季度的国内生产总值比上年同期增长了 13.67%，全年预计增长 8%，预计全年出口将增长 9.5% 至 3680 亿美元，外国直接投资流入预计全年将增长 6.4%—11.5%。[②] 外资流入和产业转移在其经济发展中起到了很大作用，一个重要原因是越南劳动力成本较低。日本贸促会 2021 年对日本海外企业的调查显示，包括基本工资、加班费、奖金、社会保险等所有开支在内，日本在华企业雇用一个普通工人的成本是 12900 美元/年；在越南，同样工人的

[①] 中国商务部网站：《世行预测 2022 年越南 GDP 增长率达 7.5%》，2022 年 8 月 9 日，http：//hochiminh. mofcom. gov. cn/article/jmxw/202208/20220803339273. shtml。

[②] 《越南 2022 年经济预计增长 8%，超过官方目标》，每日经济网，2022 年 10 月 16 日，https：//cn. dailyeconomic. com/2022/10/16/35774. html。

成本是 4570 美元/年。中国的普通工人的成本几乎是越南的 3 倍。在中国雇用一个工程师的全部成本是 19200 美元/年；而在越南雇用一个工程师的全部成本是 8800 美元/年。[①] 显然，随着中国"刘易斯拐点"的出现，劳动力成本不断上升，"凸显"了越南廉价劳动力的"人口红利"优势。不过，这个优势是中低收入发展中国家所普遍具有的，不宜因此而夸大越南等国家的制度优势和政策优势，仅仅是一个客观的经济现象。

再次，它只是少数低端产业链的转移。把低技术和劳动密集型的工序从中国转移到越南、印度等国家，是经济因素推动的全球价值链的重构现象，是全球化下市场竞争的结果。与此同时，中美经贸摩擦、新冠疫情、俄乌冲突等非经济因素对全球价值链稳定性和可靠性的冲击，则加快了这种进程。至今，中国输往美国的大约 2500 亿美元产品，需要被征收 25% 的惩罚性关税。这大大增加了在中国制造/组装产品，然后销往美国的这种贸易模式的成本。在越南制造和组装产品，然后向美国出口，不仅可以大幅降低人工成本，也不用支付 25% 的惩罚性关税。因此，以美国为市场的产业链从中国向越南转移，是规避美国关税的一个

---

① 邢予青：《越南：全球价值链重构的幸运儿》，FT 中文网，2022 年 10 月 10 日。

有效选择。在中美贸易战开启后，日本的夏普公司和任天堂公司，都已经把服务于美国市场的产能从中国转移到越南了。需要强调的是，少数低端产业链的转移不能代表总体趋势，中国在吸引外资、对外投资以及进出口贸易等方面的表现均明显好于全球平均水平，也好于东亚、东南亚和南亚等地区。有学者基于2018—2021年数据研究发现，东南亚国家的出口总额在2018年达到一个高峰后有所下降，出口增长对比中国略有劣势，没有获得明显的贸易转移，承接境外投资方面也没有明显增长。①

最后，其风险在于对中国中西部地区的产业替代以及对中国长期"世界工厂"的替代。向越南转移部分产业，替代不了上海、深圳等国内发达地区的产业投资，但对河南、四川等中西部省份承接产业转移造成较大冲击，国内很多园区空置率已较高。欧美跨国公司或将转变在中国各省市之间进行高中低端完整产业链布局的做法，而是将部分中低端产业链从长三角和粤港澳转移至越南和印度，中国"世界工厂"的地位或将因此受到冲击。更重要的是，倘若欧美进一步将高端产业链和价值链本地化和盟友化，那么中国制造业也将受到高低两头趋紧的挤压。

---

① 宋国友：《全球链变及其对东南亚的影响》，《南洋问题研究》2022年第1期。

因此，部分产业转移是经济发展的客观规律，不宜过度解读，但短期要注意对中国中西部地区产业发展的冲击，长期则需要高质量发展来促进"世界工厂"转向"世界智造"。

四　进一步优化宏观政策的建议

第三季度，全球经济下滑、通胀严重且面临衰退风险，中国经济保持逐步恢复且在全球产业链地位上升。但中国财政压力较大，亟须优化财政政策、货币政策、产业政策和竞争政策等宏观调控体系，不断提升政策效力。

第一，要落实落细扎实稳住经济一揽子政策措施。继续做好"六稳""六保"工作，在扩大需求上积极作为，巩固经济回升向好趋势。积极的财政政策将继续在稳增长、保就业等方面发挥出重要作用。通过保持合理支出强度、落实减税降费政策等举措，为稳定宏观经济出力，保持经济运行在合理区间。进一步落实组合式税费支持政策，推动各项助企纾困政策切实发挥红利，缓解中小微企业资金困难，为市场主体注入活力。加快专项债券资金使用，落实项目建设主体配套融资支持，把资金更快落实到项目建设中，发挥基建投资的乘数效应，更有效拉动社会需求。压实主管部门和项目单位责任，实施支出进度通报预警机制，推动尽快形成实物工作量。加强财政与货币政策联动，支持政策性开发性金融工具落地。

第二，加强重大战略任务财力保障。坚持问题导向，持续推动突破重点领域"卡脖子"关键核心技术，支持企业加强技术研发攻关，不断提升科技创新能力。支持统筹推进乡村发展、乡村建设、乡村治理重点任务，牢牢守住保障国家粮食安全底线。支持大力发展可再生能源，支持做好能源保供稳价工作。健全应急保障机制，完善国家储备体系和市场调节机制。以信息服务业的稳健增长为抓手，促进生产性服务业的数字化转型，推动金融、商务、会展等行业尽快恢复增长。

第三，切实保障和改善民生。积极应对疫情、灾情、高温天气等影响，及时帮扶失业人员和需纳入低保的对象、临时遇困人员等，在保障和救助上该扩围的扩围，应保尽保、应兜尽兜，保障好困难群众基本生活。拓宽市场化就业渠道，通过社保补贴、创业贷款、税费减免等鼓励企业吸纳就业，落实引导毕业生到基层就业的优惠政策。以稳增长和促就业为重心，增强人们对未来收入不断上涨的信心，使人们积极投入工作、乐观享受生活。

第四，强化财政可持续性。结合推进省以下财政体制改革，提高基层财政保障能力，兜牢兜实基层"三保"底线。常态化开展专项债券资金使用管理核查，严格执行专项债券负面清单管理要求，确保资金依法合规使用。强化部门信息共享和协同监管，坚决遏制新增地方政府隐性债务，支持地方有序化解存量隐性债务。

第五，维持制造业占比基本稳定，最大限度避免产业链、供应链外迁。保持中国产业链、供应链相对完整，守住中国重要生产环节本土化制造优势。保持制造业占比基本稳定，促进制造业提质增效。打造高质量营商环境和坚实产业基础，更好利用中国超大规模市场优势和内需潜力，抵抗产业链、供应链高端"回流"和中低端"分流"压力。利用平台经济和工业互联网强化主导产业上下游延伸、左右链配套，巩固传统产业链，塑造新兴产业链，加强产业链、供应链上下游企业的利益绑定和战略合作，推动全链条协同创新。务实推动产业链、供应链国际合作，以高质量开放实现内外联动。以国际循环提升国内大循环效率和水平，促进关键技术和产品的国际供应更为多元化，改善中国生产要素质量和配置水平，增强中国在全球产业链、供应链创新链中的影响力。进一步深化区域合作，推动 RCEP 区域合作的高质量实施，将其作为摆脱逆全球化趋势的突破口以及中国致力于保障产业链安全的重要尝试。建立与高水平开放相适配的产业链、供应链安全数据库，安全评价体系及预警机制，对突发事件做到提前预判、快速反应。在确保疫情防控安全的前提下适度增加国际客运航班，支持重点企业采取商务包机开展国际交往。

第六，保护营商环境和信心，促进经济循环畅通。营商环境是保障企业、经济发展的关键。当前部分地方存在突击罚款收费、拖欠账款、无序转让政府性资源等乱象，不仅削弱减税降费的惠企效果，使企业在疫情之下负担加大、雪上加霜，又会恶化营商环境、打击市场主体预期和信心。各地应根据疫情情况按照国家有关规定尽快放开管控措施，不要层层加码，事实表明各省市取消（居家或在酒店）隔离要求将大幅提高当地旅游和商务活动。

第七，推动财政税收体制改革，改革合并人口持续流出区县的机构设置和行政区划。一方面，明确政府与市场关系，确定并合理划分各级政府职能事权，适度上收事权，调整分税机制，使财力与支出责任匹配。适时启动机构改革，减轻财政供养人员对财政的负担，对人口持续流出的区县从机构设置和行政区划做出合并改革；另一方面，结构性减税与结构性增税并行，解决财政现金流问题，如降低科技制造和中小企业实际税率、调整个税结构，提高环保税、资源税税率，改革完善消费税等，未来适当时机推出房地产税。

（执笔人：闫　坤　刘　诚）

2022 年第四季度中国宏观经济与财政政策分析报告

——宏观经济大盘保持稳定
中国经济有望明显回升

内容提要：新冠疫情暴发以来，世界格局加快演变，货币超发、供应链调整带来的通胀后遗症成为美、欧多国面临的主要经济问题，俄乌冲突更加剧了世界能源、粮食安全问题。为抗击通胀，美联储开启加息周期，多国相继跟进加息，可能抑制世界经济需求。当前世界局势不稳定因素较多，景气度下降，多国面临衰退或滞胀风险。

2022 年中国经济总量突破 120 万亿元，过去三年保持平稳增长。消费总量保持基本平稳，受疫情影响有所下行，增速有望触底回升，重回正常发展轨道。制造业投资支撑经济增长，经济增长新动能发展较快，但中小企业投资信心不及大中型企业，民间投资相对疲弱。基础设施投资发挥稳经济作用，下半年以来政策发力，基建投资提速。房地产业经历较大调整，销售、开发、投资等仍在下行通道，房地产业"野蛮生长"时代结束，政策扶持有望带动房地产业逐步好转，回归平稳发展状态。进出口在高基数基础上仍保持强劲韧性，总值再创历史新高，但高基数效应叠加外需下滑等因素可能导致出口增速边际回落。金融市场运行平稳，但需重视城投债等财政金融风险。就业形势在下半年边际向好，但就业信心仍显不足。通胀水平回落可控，需关注需求拉动不足的风险。

财政政策方面，减税降费力度显著，多因素导致税收有所下滑，但公共预算收入平稳增长；保持适当财政支出力度，用足用好政府债券，发挥财政政策逆周期调节作用；严防地方财政风险，增强财政可持续能力。

展望2023年，全球经济面临衰退风险，通胀水平回落但仍有反弹风险。中国经济有望反弹式回升，预计经济增速有望达到5.5%。中国通胀风险不高，可适当提高通胀容忍度。建议做好各项工作，提高政策质效，推动经济运行整体好转。一是优化政策理念，统筹多重政策目标，适应新发展阶段的高质量发展要求。二是加大政策力度，保持适当的财政支出强度，助力推动2023年经济平稳回升。三是提高政策效能，强调财政支出精准度，提升政策科学性。四是发挥货币政策总量和结构的作用，慎用财政赤字货币化、收益率曲线控制等的非常规政策。五是多措并举实现中国式现代化，以邻为鉴，避免重走日本老路。

关键词： 加息狂潮；世界衰退；平稳增长；反弹式回升；政策质效

一　多国为应对通胀掀起加息狂潮，世界经济面临衰退风险

新冠疫情暴发以来，世界格局加快演变，货币超发、供应链调整带来的通胀后遗症成为美、欧多国面临的主要经济问题，俄乌冲突更加剧了世界能源、粮食安全问题。为抗击通胀，美联储开启加息周期，多国相继跟进加息，世界经济需求可能遭遇抑制。当前世界局势不稳定因素较多，景气度下降，多国面临衰退或滞胀风险。

1. 多国经济体面临数十年来最高通胀，多国掀起加息狂潮

疫情暴发以来，多国采取货币超发等手段对冲经济下行风险，并带来通胀走高等政策后遗症。除需求侧的货币因素外，疫情导致全球供应链剧烈调整，航运业受挫，供给因素逐渐成为恶化通胀局势的重要因

素。即使疫情影响逐渐褪去，但"疤痕效应"依旧存在。2022 年以来，俄乌冲突爆发，地缘政治发展态势超过世界预期且至今仍未结束，能源成本高企，粮食价格走高，进一步加剧通胀形势。多重因素叠加下，能源价格指数较 2021 年上涨了 59%，非能源类大宗商品价格指数较 2021 年上涨了 10%，多国迎来数十年来最高通胀水平。IMF 发布的《世界经济展望》报告测算，2022 年全球通胀为 8.8%。

分地区来看，美国 CPI 同比值在 2022 年 6 月达到年中高点 9.1%，创下近四十年峰值，下半年有所回落，12 月 CPI 同比值为 6.5%，PPI 最终需求指数较 2021 年上升 9.5%。欧元区 19 国调和 CPI 同比值于 10 月到达年内峰值 10.6%，也创下历史数据最高值，四季度以来通胀边际回落，12 月仍处 9.2% 高位。受地缘政治等因素影响，欧元区 PPI 通胀形势较美国等国家和地区更为严重，欧元区 19 国 PPI 同比值于 10 月达到 41.9% 高位，边际回落后的 12 月 PPI 同比值仍有 27.1%。英国 12 月 CPI 同比增速达 10.5%，连续四个月维持两位数增速。俄乌冲突爆发以来，俄罗斯 CPI 同比在 3 月跃升至 17% 左右高位，截至年末仍处于 12% 左右的较高水平。多个新兴市场国家通胀也处于较高水平，如南非、印度、菲律宾等国 CPI 年中高位均突破 7%，截至年末仍处于相对高位。

图 4 - 1 美国与欧洲 CPI 增速

数据来源：Wind。

为应对通胀风险，多国将抗击通胀作为货币政策的优先目标。美国开启暴力加息，美元周期转向货币收紧。为对抗通胀，美联储 2022 年先后 7 次加息，联邦基金目标利率从年初的 0.25% 上升至年末的 4.5%，上升幅度达 425 个基点，美联储资产负债表自 2022 年以来开启"缩表"。十年期美国国债收益率在 10 月突破 4.2% 高位，年末仍在 3.8% 左右高位运行。受美国资产基准收益率回升影响，国际资本逐利回流美国，美元指数逐渐攀升，于 10 月前后达到年中高位 114，第四季度以来有所回落，但仍在 100 以上相对高位。美元是全球最主要的储备和结算货币，美元利率作为全球资产价格之锚，其利率周期变化引致全球资本流动，诸多经济体不得不跟随加息，全球货币政策转向，融资环境收紧，资产价格波动和金融市场脆弱性上升。发展中国家在历次美元加息周期中都常见资本外流、资产价格下跌、外债负担加重等金融创伤，并可能危及自身经济发展。特别是当前全球债务杠杆率虽边际下行，但仍处于相对高位，加息可能引发金融风险显性化，如斯里兰卡等新兴市场国家爆发主权债务危机。

欧洲为应对愈演愈烈的通胀形势，告别负利率时代，欧洲央行于2022年中伴随美国开启"缩表"。欧洲通胀形势较美国等更为严峻，欧洲央行2022年先后四次加息，主要再融资利率和隔夜贷款利率从年初的0和0.25%上升至年末的2.5%和2.75%，上升幅度达250个基点；十年期欧元区公债收益率从年初的−0.12%上升至年末的2.56%。英国央行2022年以来先后8次加息，基准利率从年初的0.25%上升至年末的3.50%，上升幅度达325个基点，十年期英国国债收益率从年初的1.11%上升至年末的3.80%。此外，欧洲工会实力较强，随着通胀加剧，欧洲工会可能要求工资提高，形成"工资—物价"螺旋上涨，进一步加强通胀的自我强化和预期自我实现，通胀治理难度上升，利率上行风险加剧，加重经济债务负担并抑制投资消费需求。

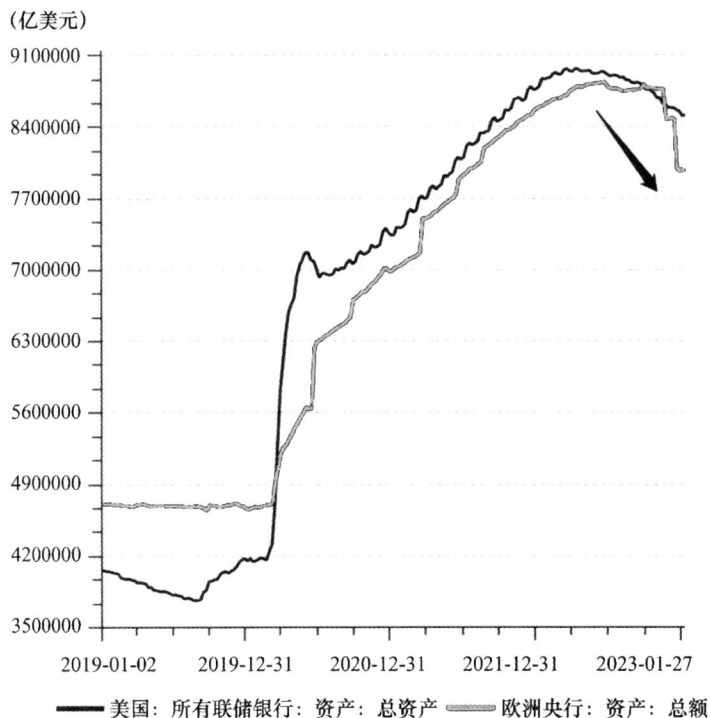

（亿美元）

图 4－2　美联储和欧洲央行资产总额

数据来源：Wind。

　　日本多年来饱受通缩影响，先后推出量化质化货币宽松和收益率曲线控制等非常规宽松货币政策，以克服名义利率降至 0 下限后，仍能进一步宽松以调降实际利率并刺激经济，实现"通胀超调承诺"，即维持日本核心通胀稳定在 2% 以上水平。但 2022 年以来，日本通胀水平有所回升，日本核心 CPI 于 2022 年 4 月突破 2% 的政策目标，并于 12 月爬升至 4% 的近八年高位。12 月 20 日，日本央行将收益率曲线控制政策下的十年期国债利率波动空间从 ［－0.25%，0.25%］

扩大至 ［－0.5％, 0.5％］，致使当日日本股市下跌
和日元汇率升值，引起全球金融市场担忧日本加息，
猜测日本可能退出收益率曲线控制政策。当前，日本
通胀主要源自境外通胀高企带来的输入型因素，内在
需求拉动的通胀仍然有限，且日本的外部通胀压力可
能因2023年世界通胀水平边际走弱而有所减小，日元
大幅加息的可能性和影响较小。但日本践行的收益率
曲线控制政策带来诸多副作用，如债券市场效率下降、
收益率曲线期限利差紊乱、财政赤字货币化引致政府
杠杆居高不下、资本外流、日元大幅贬值并加剧输入
型通胀等。适当扩大收益率曲线控制区间，提高了利
率上限容忍度，主要目的在于提升该政策的可持续性
和延续性，但相关副作用仍不容忽视。

2. 世界经济景气度下降，多国面临衰退或滞胀风险

世界经济衰退是加息狂潮下的自然结果。经济学
理论和历史经验均表明，强力加息以抑制通胀，往
往以压制经济需求，抑制投资和消费，牺牲经济增
长为代价。当前，全球经济信心有所下滑。摩根大
通全球综合PMI自8月以来已连续5个月低于荣枯
值。世界银行估算2022年全球经济增速为2.9％，
与年中估算持平。其中，发达经济体为2.5％，较年

中估算下滑 0.1%；新兴市场经济体为 3.4%，与年中估算持平。展望 2023 年，世界预计全球 GDP 增速将环比减少 1.2 个百分点至 1.7%，为近 30 年来第三差的经济增速，其中发达经济体环比减幅将达 2 个百分点。

除抗击通胀的货币收紧因素外，地缘政治也加剧了世界滞胀风险。俄乌冲突形势超预期且尚未结束，加剧世界供应体系混乱。俄罗斯是天然气、石油等能源和铝业、加工镍等金属的重要出口国，乌克兰则是小麦、玉米等粮食和汽车线束、氖气等工业要素的重要供应国，两国在全球产业链中主要处于上游。受地缘冲突影响，两国对外贸易均有不同程度中断，并可能影响俄乌两国的工业开工和粮食生产，加剧供给短缺，两国经济负增长并波及其他国家。过去依赖俄罗斯能源供应的国家不得不寻求其他国家替代，油气资源的地缘政治经济结构改变，并对通胀形成了供给侧的冲击，以抑制需求压低供给推动型通胀，将不得不付出较大经济代价。同时，原本形势严峻的粮食问题更加凸显，为防止地缘政治导致的粮食短缺，多国停止粮食出口，叠加气候变化、企业垄断等问题，粮食危机有加重态势，对经济增长和通胀治理带来严峻挑战。

表 4-1　　　　　　　2020—2024 年全球经济增长率　　　　单位：%

	2023 年 1 月统计和预测数值					与 2022 年 6 月预测的百分比差异		
	2020	2021	2022e	2023f	2024f	2022e	2023f	2024f
全球	-3.2	5.9	2.9	1.7	2.7	0.0	-1.3	-0.3
发达经济体	-4.3	5.3	2.5	0.5	1.6	-0.1	-1.7	-0.3
美国	-2.8	5.9	1.9	0.5	1.6	-0.6	-1.9	-0.4
欧元区	-6.1	5.3	3.3	0.0	1.6	0.8	-1.9	-0.3
日本	-4.3	2.2	1.2	1.0	0.7	-0.5	-0.3	0.1
新兴市场和发展中经济体（EMDE）	-1.5	6.7	3.4	3.4	4.1	0.0	-0.8	-0.3
东亚太平洋地区	1.2	7.2	3.2	4.3	4.9	-1.2	-0.9	-0.2
中国	2.2	8.1	2.7	4.3	5.0	-1.6	-0.9	-0.1
印度尼西亚	-2.1	3.7	5.2	4.8	4.9	0.1	-0.5	-0.4
泰国	-6.2	1.5	3.4	3.6	3.7	0.5	-0.7	-0.2
欧洲中亚地区	-1.7	6.7	0.2	0.1	2.8	3.2	-1.4	-0.5
俄罗斯联邦	-2.7	4.8	-3.5	-3.3	1.6	5.4	-1.3	-0.6
土耳其	1.9	11.4	4.7	2.7	4.0	2.4	-0.5	0.0
波兰	-2.0	6.8	4.4	0.7	2.2	0.5	-2.9	-1.5
拉美加勒比地区	-6.2	6.8	3.6	1.3	2.4	1.1	-0.6	0.0
巴西	-3.3	5.0	3.0	0.8	2.0	1.5	0.0	0.0
墨西哥	-8.0	4.7	2.6	0.9	2.3	0.9	-1.0	0.3
阿根廷	-9.9	10.4	5.2	2.0	2.0	0.7	-0.5	-0.5
中东北非地区	-3.6	3.7	5.7	3.5	2.7	0.4	-0.1	-0.5
沙特阿拉伯	-4.1	3.2	8.3	3.7	2.3	1.3	-0.1	-0.7
伊朗	1.9	4.7	2.9	2.2	1.9	-0.8	-0.5	-0.4
埃及	3.6	3.3	6.6	4.5	4.8	0.5	-0.3	-0.2
南亚地区	-4.5	7.9	6.1	5.5	5.8	-0.7	-0.3	-0.7
印度	-6.6	8.7	6.9	6.6	6.1	-0.6	-0.5	-0.4

续表

	2023 年 1 月统计和预测数值					与 2022 年 6 月预测的百分比差异		
	2020	2021	2022e	2023f	2024f	2022e	2023f	2024f
巴基斯坦	-0.9	5.7	6.0	2.0	3.2	1.7	-2.0	-1.0
孟加拉国	3.4	6.9	7.2	5.2	6.2	0.8	-1.5	-0.7
撒哈拉以南	-2.0	4.3	3.4	3.6	3.9	-0.3	-0.2	-0.1
尼日利亚	-1.8	3.6	3.1	2.9	2.9	-0.3	-0.3	-0.3
南非	-6.3	4.9	1.9	1.4	1.8	-0.2	-0.1	0.0
安哥拉	-5.8	0.8	3.1	2.8	2.9	0.0	-0.5	-0.3
高收入国家	-4.3	5.3	2.7	0.6	1.6	0.0	-1.6	-0.4
中等收入国家	-1.2	6.9	3.2	3.4	4.3	-0.1	-0.8	-0.2
低收入国家	1.6	3.9	4.0	5.1	5.6	0.0	-0.1	0.0
除中国以外的 EMDE	-3.9	5.7	3.8	2.7	3.6	1.1	-0.7	-0.4
大宗商品出口 EMDE	-3.7	4.9	2.8	1.9	2.8	1.6	-0.7	-0.4
大宗商品进口 EMDE	-0.4	7.6	3.6	4.1	4.8	-0.8	-0.8	-0.2
除中国以外的大宗商品进口 EMDE	-4.2	6.8	5.0	3.8	4.5	0.4	-0.7	-0.4
七大新兴市场经济体	-0.4	7.4	3.0	3.5	4.5	-0.3	-0.8	-0.2
全球（PPP 加权）	-2.8	6.1	3.1	2.2	3.2	0.0	-1.2	-0.3
全球贸易量	-8.2	10.6	4.0	1.6	3.4	0.0	-2.7	-0.4

注：*e＝估计，f＝预测，EMDE 为新兴市场和发展中经济体。

数据来源：世界银行：《全球经济展望》，2023 年 1 月。

分地区来看，美国 GDP 同比增长率逐步放缓，第一季度至第四季度增长率分别为 3.68%、1.8%、1.94% 和 0.96%。花旗美国经济意外指数自 1 月以来低于 0，显示经济不及预期。ISM 公布的综合 PMI 自 7

月以来持续低于荣枯值，制造业 PMI 在 11 月和 12 月也转入收缩区间，反映下半年以来制造业景气度逐步下降。美国中小企业乐观指数全年维持下滑态势，经济前景预期逐步转弱。世界银行预计 2023 年美国 GDP 增速下滑至 0.5%，较 2022 年增速下滑 1.4 个百分点。IMF 较世界银行乐观，预计美国的经济增长率将从 2022 年的 2.0% 降至 2023 年的 1.4% 和 2024 年的 1.0%。

欧洲逐步陷入衰退。欧元区制造业 PMI 自 2022 年 7 月以来持续低于荣枯值；欧元区工业信心指数自 9 月以来连续 4 个月为负；单季 GDP 同比增速持续下滑，欧盟 23 国制造业产能利用率自 2022 年下半年以来持续下滑，同比低于 2021 年同期水平。多项指标显示欧洲经济衰退风险上升。世界银行预计，2023 年欧元区经济增速将从 2022 年的 3.3% 下调至 0，IMF 预计 2023 年的经济增长率将触底降至 0.7%。非欧盟的英国制造业 PMI 自 8 月以来持续处于收缩区间，同样饱受通胀高企苦痛，利率居高不下，经济衰退风险上升。俄罗斯困于地缘政治冲突，面对西方多国制裁，内外部经济恶化，经济增速由正转负。历史数据表明，央行加息和货币收紧对经济的影响存在时滞。当前欧洲通胀难下，货币紧缩仍在延续，欧洲经济衰退风险不断发酵。

二 中国经济保持平稳增长，复苏力度有望边际回升

2022 年中国经济总量突破 120 万亿元，连续三年保持平稳增长，就业形势在下半年边际向好，通胀水平回落可控。消费、地产对经济存在一定下拉影响，但边际有望企稳。制造业投资保持高速，高质量发展转型明显，基础设施投资发挥稳经济作用，下半年固定资产投资加速。外贸进出口在高基数基础上仍保持强劲韧性，高基数效应叠加外需下滑可能导致出口增速边际回落。

1. 2022 年中国经济总量突破 120 万亿元，过去三年保持平稳增长

2022 年中国经济迎难而上、爬坡过坎，国内生产总值 1210207 亿元，按不变价格计算，比上年增长 3.0%。拉长时间镜头来看，过去三年中国 GDP 年均增长约 4.5%，高于世界平均增速，实现了疫情期间经济平稳复苏。分季度来看，2022 年第一、第二、第三、第四季度同比增长分别为 4.8%、0.4%、3.9%、2.9%，其中第二季度经济主要因为疫情暴发和多地管控影响而有所回落，第四季度除存在季节性因素外，

部分因为疫情防控政策调整导致经济活动阶段性、暂时性减少。总体来看，中国经济韧性强劲，全年经济平稳运行。随着疫情防控进入新阶段，各项政策效果逐步显现，线上线下经济活动相继恢复，对外开放和经贸往来进一步增多，中国经济基本面势必进一步转暖。

分产业结构和行业来看，第二产业贡献最多经济增长，房地产对经济存在下拉效应。按不变价格计算，第一产业 GDP 同比增长 4.1%，较 2021 年上升 1 个百分点，对经济增长贡献率为 9.8%，较 2021 年上升 3.3 个百分点。第二产业同比增长 3.8%，对经济增长贡献率为 49.4%，较 2021 年上升 10.5 个百分点，成为稳住宏观经济大盘的主要抓手。其中，工业对经济增长贡献率为 37.03%，是长期以来 GDP 增速第一大贡献行业类别。建筑业对经济增长贡献率 12.59%，较 2021 年上升近 12 个百分点，从年度数据来看，为历史数据近三十年来最高值，印证基础设施投资成为对冲经济下行压力的中坚力量。第三产业受疫情影响较大，第三产业 GDP 同比增长 2.3%，对 GDP 增长贡献率为 40.7%，同比 2021 年下降 14 个百分点。其中，第三产业主要拖累项为房地产业、住宿和餐饮业，对 GDP 增长贡献率分别为 -11.45%、-1.2%，分别印证房地产业下行和疫情反复对线下服务业的冲击效应。

从"三驾马车"来看，资本形成贡献最多经济增长，消费需求受疫情冲击较大，货物与服务净出口周期性回落。全年来看，最终消费支出、资本形成总额、货物和服务净出口对经济增长的贡献率分别为32.8%、50.1%和17.1%，分别拉动经济增长0.98%、1.5%和0.51%。疫情前消费对经济增长贡献率长期处于60%左右，2022年消费对经济的拉动作用处于历史低位，主要因为疫情反复影响，2023年有望逐步回升至合理水平。国际贸易贡献率回落主要因为中国进出口在过往两年高位运行，形成较高基数，叠加世界经济疲软导致外需回落，进出口增速随之周期性回落。

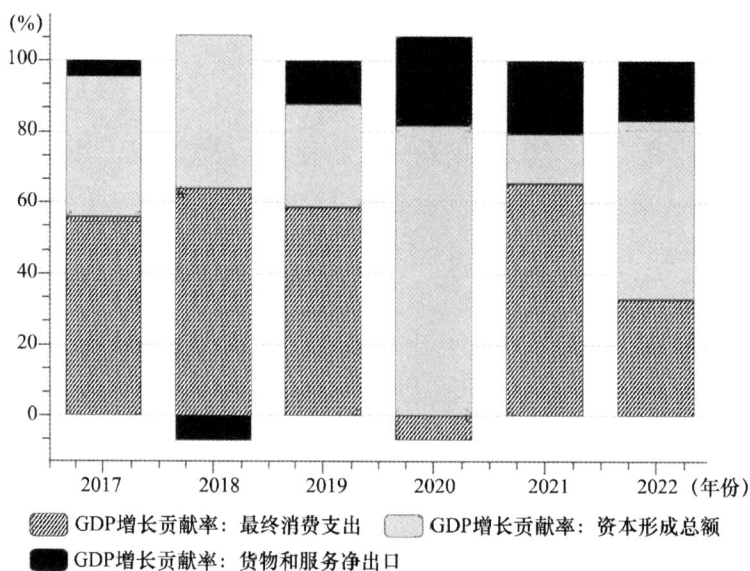

图 4-3   2017—2022 年"三驾马车"对中国 GDP 的贡献率

数据来源：Wind。

2. 消费总量保持基本平稳，增速有望触底回升

第一，疫情影响导致消费承压，消费增速有望触底回升。2022年，中国多地出现多轮疫情，上海、吉林静默，多地严控等致使消费场景缺失，消费体量下滑，但随着疫情形势逐步好转，多项政策协同发力，中国消费保持强大韧性，2022年社会消费品零售总额439733亿元，增速为-0.2%，较2021年基本持平而未有大幅下滑，跌幅小于疫情严重的2020年的增速-3.9%。其中，乡村社会消费品零售总额同比增速（0.0%）高于城镇（-0.3%），显示乡村经济活动因人群聚集度、产业特征、消费结构更偏必选消费等因素而受疫情影响相对较小。第四季度以来，中国因时应势调整防疫政策，部分省市先后经历"感染居家"消费回落、"康复出行"消费复苏，10—12月全国社会消费品零售总额同比增速分别为-0.5%、-5.9%和-1.8%，其中12月同比跌幅较11月收窄4.1个百分点，消费迎来"触底回升"。从中高频数据来看，各大城市拥堵延时指数和地铁客运量在12月中旬因"感染居家"而短暂下滑，但下旬以来已逐步恢复常态，显示全国线下活动稳步重启；11月、12月民航正班客座率同比转正，航运业有望迎来"困境反转"；除夕前的全国春运客运量同比增幅高达50%以上，反

映中国内需潜力仍然充足。

第二，必选消费和线上消费平稳增长，可选消费和线下消费受疫情影响较大。一是必选消费保持平稳，成为稳住消费基本盘的中坚力量。全年限额以上粮油食品类和饮料类零售额同比增速分别为 8.7% 和 5.3%，远高于消费和 GDP 整体增速。第四季度以来，限额以上粮油食品类零售额和饮料类零售额在 11 月当月到达年内低谷，同比增速分别为 3.9% 和 −6.2%，12 月同比增速则环比分别加快近 7 个和 11 个百分点，分别回升至 10.5% 和 5.5%。二是线上消费发展较快，高于线下消费增速水平并对整体消费形成补位。2022 年全国网上商品和服务零售额 137853 亿元，同比增速 5.3%。分类别来看，"吃"和"用"的网上商品零售总额同比增速持续高于"穿"，尤其是"吃"类别累计同比增速持续保持两位数增速；"穿"类别增速仅有 3.5%，连同线下来看，限额以上服装鞋帽类零售额同比增速自 9 月以来为负，全年增速仅有 −6.5%，印证必选消费需求较可选消费更为平稳。三是可选消费常与经济景气度相关，复苏仍然偏弱。限额以上金银珠宝类、化妆品类、服装类等均有不同程度下滑；地产相关消费增长乏力，家用电器和音像器材类、家具类、建筑及装潢材料类零售额同比增速为负；石油及制品类消费受国际原油价格回落影响而有所下滑。四是线下消费活力仍需进一步激发，餐饮业、服务业仍显疲软。疫情多轮暴发导致大众出行和聚集性活动有所减少，餐饮业整体复苏仍然偏弱，全年餐饮收入累计同比增速为 -6.3%。服务业方面，全年第三产业增速2.3%，略低于 GDP 增速，全年全国服务业生产指数比上年增长 -0.1%，第四季度服务业 PMI 连续四个月低于荣枯值，且12月跌至39.4。

第三，受各地汽车消费刺激政策影响，乘用车产销两旺。2022年乘用车产量和销量同比增速分别为11.15%和9.5%，对耐用品消费形成有力支撑。2022年，汽车经销商库存系数保持低位，尤其是12月降至1.07，环比下降0.8个百分点，销售去库存压力不大。新能源汽车行业景气高企，新能源乘用车产量和销量同比增速分别为101.5%和90%，新能源汽车销量高达688.7万辆，渗透率高达29%，同比上升13个百分点，强势引领汽车工业。全国居民每百户家用汽车拥有量为43.5辆，比上年增长4.3%。

第四，居民收入稳定增长巩固内需潜力，城乡融合和区域协调发展助推消费增长。全年全国居民人均可支配收入36883元，同比名义增长5.0%，扣除价格因素实际增长2.9%，与经济增长基本同步，居民收入增长对消费形成重要支撑。城乡融合和区域协调发展取得进步，农村居民人均可支配收入名义增速和实际增速分别快于城镇居民 2.4 和 2.3 个百分点，城乡居民收入比由上年的 2.50 降至 2.45，东部与西部地区居民人均可支配收入之比由上年的 1.62 缩小至 1.61，城乡居民收入和东西部收入相对差距均继续缩小，共同富裕进程稳步推进，乡村振兴和农业强国取得实效，全社会边际消费倾向有望进一步提高。

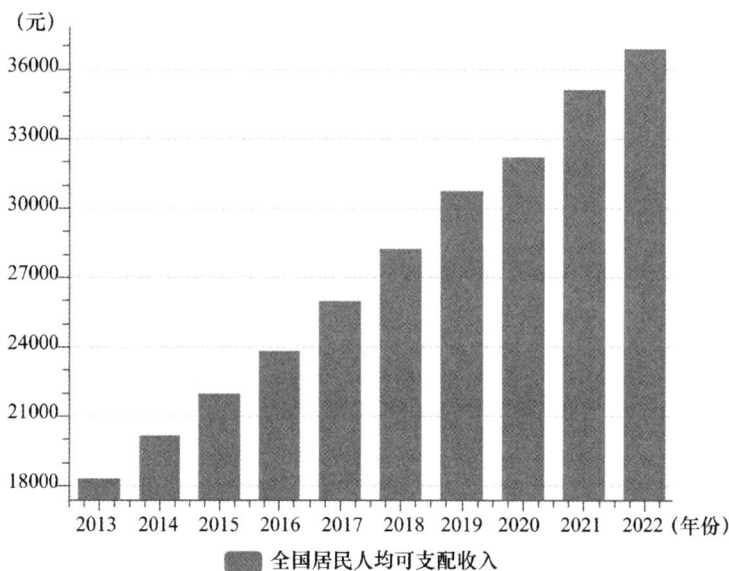

图 4 - 4 2013—2022 年全国居民人均可支配收入

数据来源：Wind。

第五，客观看待当前中国消费下滑问题，推动消费重回正常发展轨道。2022 年，全国居民人均消费支出 24538 元，名义增长 1.8%，扣除价格因素，实际下降 0.2%；最终消费支出对 GDP 同比贡献率仅有

32.8%，为近年来最低值，远低于真实消费潜力对中国经济的贡献率。借鉴成熟经济体发展史和中国近年来发展进程，消费是成熟经济体发展的第一大支撑，在美国、日本等均占有70%左右比重，近年来最终消费支出对中国经济增长贡献率也均在60%以上，符合经济发展规律。当前消费下滑更多是疫情影响导致的短暂回落，随着疫情影响逐步控制在合理范围，消费对经济贡献率将逐步回归至合理水平，消费增速有望进一步抬升，继续发挥经济"压舱石"作用。同时，也要关注疫情对消费的"疤痕效应"。人民银行对城镇储户的第四季度问卷调查显示，居民对未来收入的信心指数环比下滑，并创历史数据新低；愿意更多消费的储户占比仍处于2019年年末疫情以来的低位水平，消费意愿低迷；愿意更多储蓄的储户占比高达61.8%，为历史数据最高值，预防性储蓄上升不利于消费提升。国家统计局消费者信心指数则自2020年以来持续处于下行通道，目前尚未完全企稳。当前，中国仍需政策多管齐下，进一步提升居民收入水平并稳定消费者信心。除信心因素外，还需关注疫情对消费者行为模式的改变，支持构建线下消费场景，实现线上、线下服务双向发展，培育国货品牌，支持中国消费升级换代。

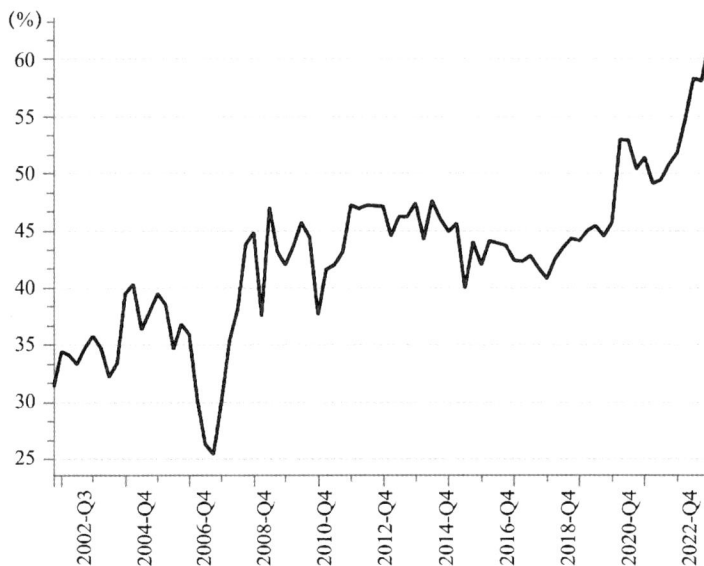

图 4 - 5   央行调查显示愿意更多储蓄的居民比重

数据来源：Wind。

3. 制造业投资支撑经济增长，外需回落将更依托内需发展

第一，全年制造业投资有力支持经济增长，经济增长新动能发展较快。2022 年制造业投资增速保持高位，全年同比增长 9.1%，对全国固定资产投资形成拉动效应，对 GDP 整体增速形成支撑。分行业来看，电气机械及器材制造业、计算机通信和电子设备、化学原料及制品、有色金属、农副食品加工、汽车制造等行业投资完成额同比分别增长 42.6%、18.8%、18.8%、15.7%、15.5% 和 12.6%，发挥了传统优势产业和基础产业对制造业投资稳步复苏的支撑作用。

从经济新动能来看，高端制造业保持良好发展势头，战略性新兴产业和未来产业谋划布局持续加强，高质量发展得以贯彻落实。2022 年高技术制造业投资同比为 22.2%，高于制造业投资整体增速；全年高技术产业工业增加值同比增长 7.4%，明显高于工业增加值整体增速，逐步回归至疫情前同期水平。2022 年中国新能源汽车产销量突破 650 万辆，在世界汽车产业格局中取得长足进步，成为经济增长中的重要亮点。2022 年，中国全社会研究与实验发展（R&D）经费投入达 30870 亿元，首次突破 3 万亿大关，比上年增长 10.4%，高于"十四五"规划"全社会研发经费投入年均增长 7% 以上"的目标，投入强度达 2.55%，接近 OECD 国家平均水平（2.67%）。

第二，第四季度处于疫情放开适应期，制造业投资预期有所转弱。疫情防控政策调整后，部分工人病休导致企业人员到岗不足，叠加春节较早伴随季节性返乡潮，致使出现物流交通运力下降、配送时间延长等现象，对制造业投资形成制约。第四季度以来，制造业工业增加值当月同比增速逐月下滑，12 月增速仅有 0.2%，且制造业工业增加值同比增速低于采矿业、电力、燃气及水的生产和供应业。工业企业产销率同比增速自 2021 年 5 月以来均为负值，反映工业产品的产销衔接情况改善有限；工业企业利润总额累计同比增速自下半年以来由正转负。10月制造业PMI跌至收缩区间，第四季度各月制造业PMI分别为49.2、48和47，景气度逐月下降。人民银行调查显示，企业家和银行家宏观经济热度指数均自2021年第二季度以来持续下滑，已跌至历史数据以来的低位，企业家信心不足。

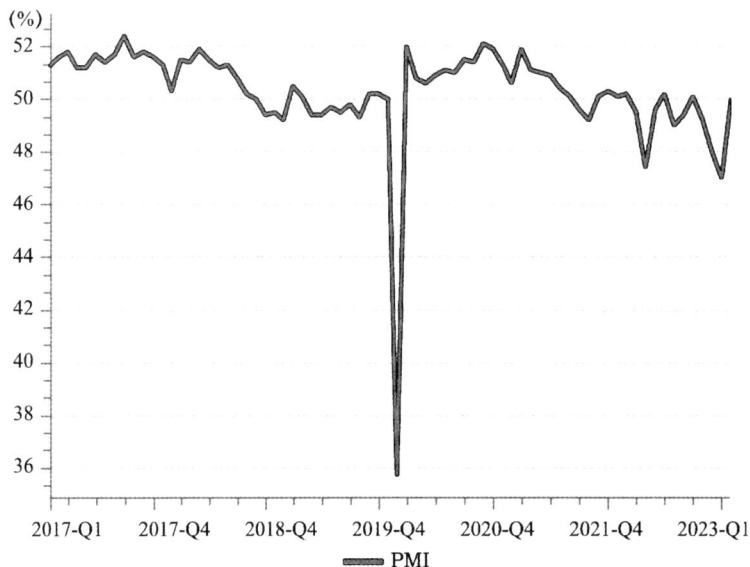

图4-6　2017—2022年第四季度中国制造业PMI

数据来源：Wind。

第三，制造业预期弱化趋势有所收敛，融资条件助力制造业发展。值得关注的是，第四季度转弱的制造业投资预期有望逐步改善。长江商学院中国企业经营状况指数BCI虽仍在荣枯线以下，但数值已逐月回升，反映投资恶化预期边际收敛。从工业产能利用率来看，第四季度数值为 75.7%，环比上升 0.1 个百分点，保持了自三月以来的上升态势，产能利用情况逐步改善。固定资产投资资金来源累计同比增速自 9 月以来由负转正，其中国家预算内资金增速维持在 35% 以上高位，助推制造业逐步向好。制造业贷款需求指数自第二季度以来呈上升态势，第四季度为 62.2%，环比上升 1.6 个百分点，高于疫情前的 2019 年同期数值（59.2%），融资需求较为旺盛；中国金融条件指数全年运行区间主要在 0 以下，显示金融环境相对宽松，为制造业投资提供较为适宜的货币金融环境。

第四，外需下滑拖累中国制造业投资，内需将成为制造业投资的主要拉动力。前期，中国疫情防控和复工复产成效显著，中国出口有力填补国外制造业断链、航运梗阻等因素导致的外需缺口，享受"疫情窗口期"。但随着疫情影响逐步消退，外国产能复苏对中国出口形成替代，叠加过往年份的高基数效应，中国外需难以保持高位。同时，世界多国经济体出现衰退苗头，需求下滑影响中国出口贸易。12 月，美、欧、日、韩的制造业 PMI 指数下降至 48.4%、47.8%、48.9%、48.2%，均在荣枯线以下；全球制造业 PMI 为 48.6%，较上期下降 0.2 个百分点。中国 11 月、12 月工业出口交货值同比增速均为负数；新出口订单 PMI 全年各月均低于 50，处于收缩区间，第四季度呈现出进一步下降态势；第四季度各月出口金额同比增速均为负数。受外需拖累影响，制造业 GDP 同比增长 2.9%，较 2021 年下滑 8.4 个百分点。随着外需下滑，制造业投资将更多依靠内需，坚持"向内发力"，在需求端依托中国超大市场规模，发挥规模经济效益，在供给端实现制造业转型升级和自主可控。

第五，中小企业投资信心不及大中型企业，民间投资相对疲弱。中小企业预期较大型企业更加恶化，PMI 数值呈现出大型企业高于中型企业、中型企业高于小型企业的规模化特征。尤其是 12 月小型企业 PMI 已跌至 40.8，大幅低于大型企业（46.6）和中型企业（44.1），且小型企业新订单指数、新出口订单指数、经营预期、采购量指数等各项指标均全面回落，显示小微企业经营困难大于大中型企业，规模分化加剧，亟须政策护航小微企业生产经营。从贷款需求指数来看，规模化特征依旧存在，第四季度小型企业贷款需求指数（62.5）明显高于大型（54.6）、中型企业（56.4），小型企业资金紧张，更需金融资源提供支持。此外，从不含农户的固定资产投资完成额来看，民间固定资产投资 310145 亿元，比上年增长 0.9%，低于社会整体投资完成额 4.2 个百分点。

4. 下半年基础设施投资明显提速，助力稳定宏观经济大盘

第一，基础设施投资发挥稳经济作用，下半年以来政策发力、基建投资提速。2022年全年基础设施固定资产投资完成额同比增长11.5%，不含电力则为9.4%，二者均为疫情三年以来最高增速。下半年以来，专项债、政策性金融工具等财政金融政策的协同发力，一揽子稳经济政策和接续措施相继落实，重大项目建设、设备更新改造等明显提速，下半年基建投资完成额增速高于上半年。受政策支持，基建资金来源充足。2022年公共财政支出累计同比增速为6.1%，较上年同期高5.8个百分点，为2020年疫情暴发以来最高增速。2022年地方债发行规模达7.4万亿元，余额34.9万亿元，已发展成为中国债券市场第一大券种，为交通基础设施、市政和产业园区基础设施、农林水利、生态环保、能源、民生服务、保障性安居工程等领域提供支持。分行业来看，2022年电力、燃气及水的生产和供应业固定资产投资完成额增速最快，高达19.3%，且第四季度以来投资提速显著；交通运输、仓储和邮政业增速为9.1%，其中道路运输业和铁路运输业投资分别增长3.7%和1.8%；水利、环境和公共设施管理业同比增长10.3%，其中水利管理业和公共设施管理业增速分别为13.6%和10.1%。从中高

频数据来看，主要企业挖掘机销量同比增速在 7 月实现由负转正，且第四季度以来增速进一步加快，印证下半年基建投资发力。

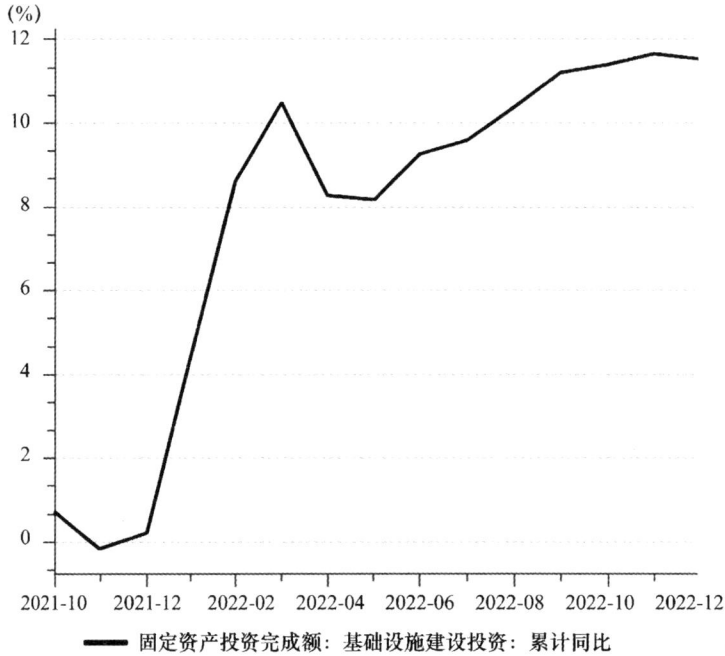

图 4 - 7　2022 年基础设施投资增速

数据来源：Wind。

第二，钢铁行业量价指标印证下半年基建提速，但开工率和产量等指标显示基建发力仍未能完全对冲疫情反复、地产下行等影响。价格方面，铁矿石综合价格指数、螺纹钢价格、热轧板卷价格在上半年有所回落，下半年以来则有所回升，反映上半年疫情影响经济生产，下半年投资提速积极补位。与价格运行的逻辑类似，钢材库存呈现"前高后低"特征。上半年受疫情影响，钢材库存持续上行至峰值 2052 万吨，较 2021 年峰值高 15%；下半年以来基建提速，库存则维持震荡下行态势，回落至年末 1306 万吨，较峰值下滑 36%。产量方面，粗钢产量同比增速在 2022 年 8 月实现由负转正，印证基建提速。受春节较早导致季节性错位、疫情感染居家等影响，12 月粗钢产量同比增速由正转负。全年粗钢产量同比增速为 −2.1%，显示基建提速仍显不足。从全国电炉开工率和产能利用率来看，近年来两指标运行特征通常为春节后开工提速，产能利用率上升，下半年开工率整体不及上半年，春节前两月则逐步季节性回落。2022 年上半年多地疫情暴发打破了原有的运行特征，开工率和产能利用率在 5 月出现急剧下滑，6 月疫情形势好转后再复苏上行，春节前两月则季节性下降。整体来看，全国电炉开工率和产能利用率下半年峰值分别仅有 61% 和 56%，较上半年峰值低约 14% 和 7%，整体运行区间不及上半年；年末仅有 49% 和 51%，较上年同期下降 4% 和 3%。

第三，水泥、混凝土等行业量价收缩印证基建投资对地产投资补位不足，但下半年以来边际有所改善。水泥行业方面，2022 年全国水泥价格指数和分区域指数整体呈现下行态势，从年初高位 180 点左右降低至年末的 140 点左右，降幅超 20%。全年各月水泥产量同比增速均为负数，全年同比增速为 – 10.8% 。混凝土行业方面，2022 年全国混凝土价格指数和分区域指数也呈现下行态势，从年初的 157 点下降至年末的 141 点，下滑幅度约 10 个百分点。整体来看，2022 年建材综合指数呈现下行态势。值得注意的是，水泥价格指数和混凝土指数均在 7 月以来出现触底上行，表明基建发力对经济下行发挥了重要拉动作用。此外，全国重点电厂日均耗煤量自第四季度以来呈现上行态势，印证投资拉动的经济边际改善。

第四，专项债、政策性开发性金融工具相继落地，基建投资发挥逆周期作用。全年两轮投放的政策性金融工具已达 7399 亿元，截至 2022 年年末，相关银行为政策性金融工具支持的项目累计授信额度也已超过 4.3 万亿元。2022 年年末，投向基础设施领域的中长期贷款余额同比增长 13% ，比各项贷款增速高 1.9 个百分点。基建本身具备公共物品特征，供给方主要由政府或政府持股的国企提供，政府政策作用于基建往往 "立竿见影" 。加大基建投入同时作用于短期需求和长期供给，一方面提振有效需求，对冲当前经济下行压力，另一方面为经济生产扫清硬件障碍，为激发长期经济活力奠定基础。

5. 房地产业经历较大调整，政策扶持有望带动房地产业逐步好转

第一，2022 年房地产业经历较大调整，房地产销售增速下行且交易景气度处于低位。2022 年房地产销售面积同比增速为 –24.3%，第四季度以来未有明显改善，增速依旧逐月下行。其中，住宅销售面积增速为 –28.8%，跌幅远大于办公楼（–3.3%）和商业用房（–8.9%）。销售额同比增速为 –26.7%，跌幅略高于销售面积，其中住宅跌幅最大（28.3%），其次为商业用房（–16.1%）、办公楼（–3.7%）。就房价来看，70 个大中城市新建住宅价格指数当月同比已连续 9 个月为负。2022 年商品房待售面积同比增速达 10.5%，且呈现出逐月上升态势，显示销售去化速度较慢。新建住宅房价涨跌呈现出区域分化特征，一线城市当月同比增速全年保持为正，二线城市和三线城市住宅价格指数同比分别连续 7 个月和 11 个月为负，其中三线城市房价下跌幅度高于一线和二线城市。从二手房市场来看，一线城市二手房价格指数同比增速全年各月均为正，但增速不及新建住宅；二线城市和三线城市二手房价格指数连续 10 个月和 12 个月为负，且跌幅高于新建住宅。2022 年全国房地产开发景气指数仍呈现下行趋势，9 月以来持续低于 95，处于较低景气水平。100 个大中城市土地成交价溢价率则

自 2016 年 9 月以来呈波动下行态势，2022 年全年处于不足 5% 的低位，第四季度以来不足 3%。30 个大城市商品房成交套数数据显示，上半年受疫情影响成交量明显缩量，下半年以来有所恢复，但仍处于历史低位。人民银行季度调查显示，预期房价上涨的居民比重处于下滑态势，第四季度占比仅有 14.0%，为历史数据最低值；未来 3 个月预计增加购房支出的储户比重持续下滑，第四季度占比约 16%。

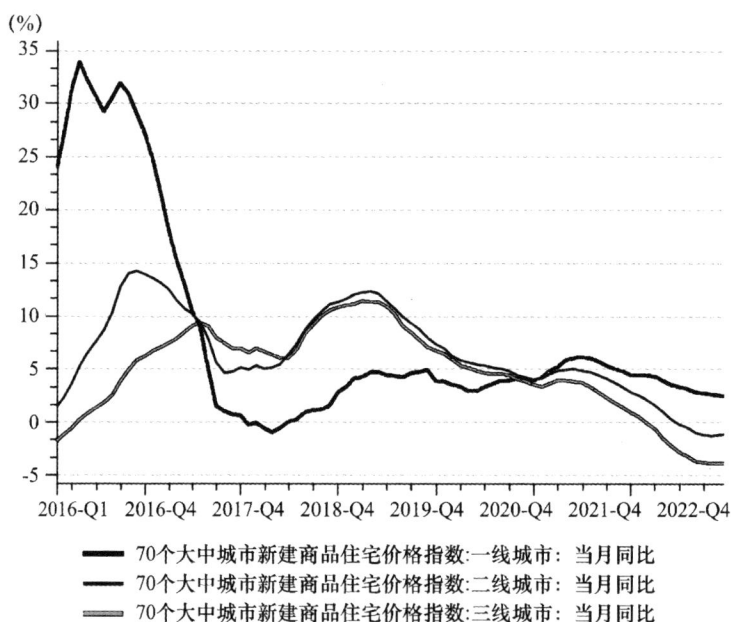

图 4－8　70 个大中城市新建商品住宅价格指数

数据来源：Wind。

第二，房地产开发、投资和开发资金同比下行，贷款和其他资金来源边际转暖。受疫情冲击、居民信心下降等影响，房地产企业前端销售疲软，12月新增居民中长期贷款1865亿元，同比少增约1693亿元，反映居民购房意愿不强。销售疲软引致后端开发、投资等走弱，诸多大型房地产企业出现流动性紧张，甚至出现债务违约。实物端来看，2022年房地产开发投资完成额同比增速为－10%，其中住宅为－9.5%，下半年以来跌幅有所走阔。房地产施工面积同比增速为－7.2%，其中住宅为－7.3%，下半年跌幅高于上半年。新开工面积同比增速为－39.4%，其中住宅为－39.8%，跌幅也呈现逐月走阔态势。2022年购置土地面积和土地成交价款分别同比下滑－53.4%和－48.4%。金融端来看，2022年房地产开发资金整体下滑－25.9%，较2021年下滑近30个百分点。其中，贷款增速为－25.4%，12月以来较11月边际回升，占房地产开发资金来源比重约12%；自筹资金跌幅较窄，约－19.1%，占房地产开发资金来源的36%；其他资金①来源跌幅－30.03%，跌幅较11月回升0.1%，显示12月以来边际转暖，占房地产开发资金来源的53%。第四季度，境内房地产企业债券发行1200多亿元，同比增长22%；9—11月，房地产开发贷款累计新增超1700亿元，同比多增超2000亿元。历史数据表明，

---

① 其他资金＝定金及预付款＋个人按揭贷款＋其他到位资金。

金融端与实物端常步调相关，如金融端有望进一步好转，可能逐渐带动实物端跌幅逐步缩窄。

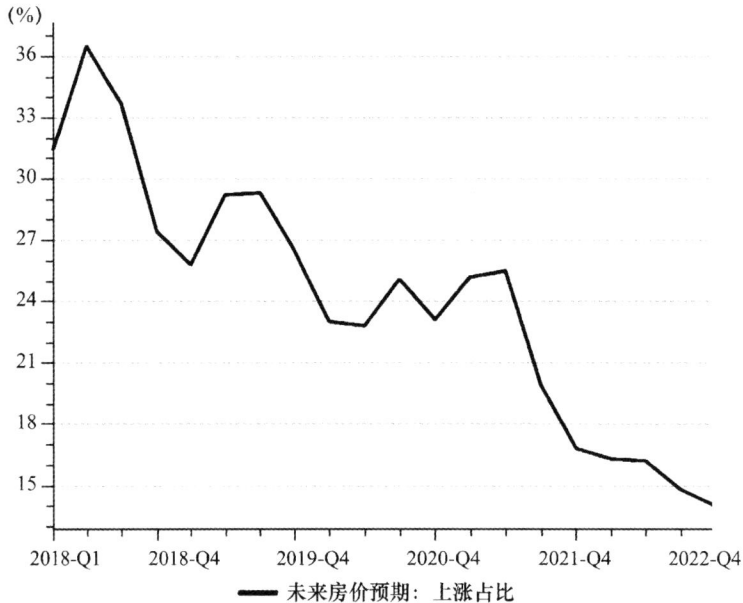

图 4-9　央行调查显示预期房价上涨的居民比重

数据来源：Wind。

第三，房地产政策及时调整，助推房地产业回归良性发展。时任副总理刘鹤指出，房地产是国民经济的支柱产业。未来一个时期，中国城镇化仍处于较快发展阶段，有足够需求空间为房地产业稳定发展提供支撑。第四季度以来，住建部、人民银行、银保监会、证监会等相继采取多项措施，努力改善行业的资产负债状况，引导市场预期和信心回暖。在居民端，通过降低首付、利率等方式支持首套住房，并对二套和三套住房实施差异化政策，支持以旧换新、以小换大等改善性住宅需求。在企业端，稳楼市"三箭齐发"，支持房地产企业修复资产负债表。"第一支箭"，调整信贷政策，落实"保交楼"，发布"金融支持16条通知"，完善银行支持房地产企业融资相关政策，累计授信额度近5万亿元。"第二支箭"，人民银行指导交易商协会，组织中债信用增进公司为民营房地产企业发债融资提供债券投资、担保、信用衍生品等多项支持，2022年11月以来，交易商协会已经受理的房企储架式发行债券额度合计近千亿元。"第三支箭"，支持房地产企业股权融资。整体来看，政策仍然坚持"房子是用来住的，不是用来炒的"定位，助推房地产市场逐步修复企稳。同时，实施改善优质房企资产负债表计划，综合运用"资产激活""负债接续""权益补充""预期提升"等多方面措施，改善优质房企现金流，引导优质房企资产负债表回归安全区间。总体来看，政策调整并非刺激地产再次爆发式增长，而是托底经济和避免地产风险"硬着陆"，避免发生系统性金融风险，助推经济合理复苏。

第四，房地产业"野蛮生长"时代结束，房地产业将回归平稳发展状态。宏观层面来看，在货币供应量要与名义GDP基本匹配情况下，货币未有明显超发，难以出现房地产价格暴涨普涨。从长周期来看，当前中国已过人口高峰，居民人口结构向老龄化发展，一线城市人口人均住宅面积逐渐和发达国家持平，诸多特征表明地产已过暴涨式的"黄金年代"。从供求关系来看，除一线城市和部分区域中心属紧平衡外，大部分二三线城市供求已经平衡且在欠发达区域存在一定房产过剩，且 2020 年北京、上海、广东等地的城镇居民家庭人均住房面积均超过 30 平方米，人口峰值逐步到来，20—50 岁购房主力人口开始减少，购房需求边际减少。值得注意的是，房地产已度过"野蛮生长"时期，但并不意味着房地产业已无发展空间。一方面，当前中国城镇化率约 65%，中国城镇化逐渐步入"S 型"曲线的后程，但较发达国家水平还有 15% 左右的提升空间，仍然蕴藏新增住房需求。另一方面，城市更新、居民收入水平提高将带来较大改善性住宅需求，房地产业步入"后开发时期"，行业整合将逐步出现，精细化、品质化、专业化、服务化运营的重要性愈发凸显。在未来一段时期，按照党的二十大报告工作部署，中国将"加快建立多主体供给、多渠道保障、租购并举的住房制度"，伴随中国产业升级、经济动能转换和城镇化进程，住房长效机制将逐步建立，地产风险将逐步化解。

6. 进出口总额再创历史新高，边际逐步回落

第一，中国外贸进出口在高基数基础上仍保持强

劲韧性，总值再创历史新高。疫情期间，受益于中国产业链较国外经济体恢复较快，对世界经济产能形成有效"补位"，并在外需拉动下，中国进出口高速增长。2022 年以来，尽管外需有所回落且过往基数较高，但中国进出口贸易仍取得进一步发展。据海关统计，2022 年中国货物贸易进出口总值 42.07 万亿元人民币，首次突破 40 万亿元人民币关口，同比增长 7.7%，连续 6 年保持世界第一货物贸易国地位。其中，出口 23.97 万亿元，增长 10.5%，占国际市场份额 14.7%，连续 14 年居全球首位；进口 18.1 万亿元，增长 4.3%。

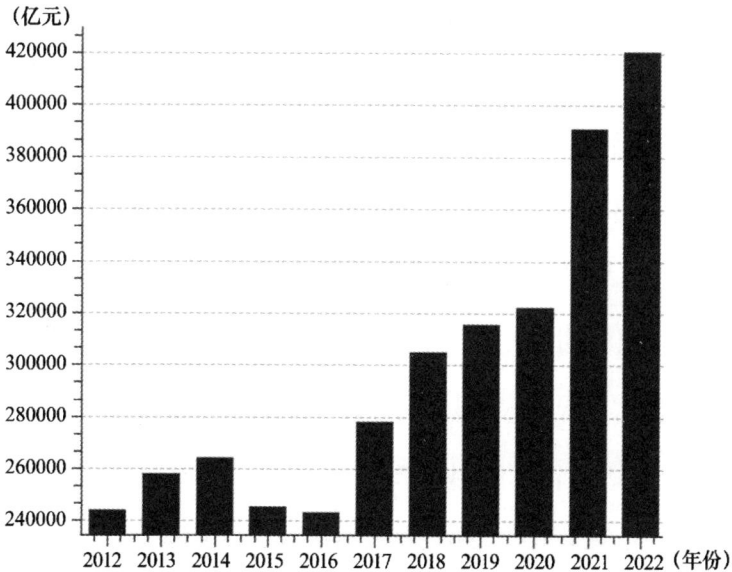

图 4 - 10　2012—2022 年中国进出口总额

数据来源：Wind。

分区域来看，东盟、欧盟、美国是中国进出口总值的前三大区域，分别为6.52万亿元、5.65万亿元和5.05万亿元，增长15%、5.6%和3.7%。对"一带一路"沿线国家进出口增速明显达19.4%，占中国外贸总值的32.9%，提升3.2个百分点。此外对非洲、拉丁美洲等出口也增长较快，增速达14.8%和14.1%。

分企业所有制看，民营企业是中国进出口的主要动力，有进出口实绩的民营企业51万家，增加7%，民营企业家数量占比超85%；进出口总额21.4万亿元，增长12.9%，占进出口总值的50.9%，提升2.3个百分点，对中国外贸增长贡献率达到80.8%。

从出口产品来看，中国经济结构逐步从低附加值劳动密集型产品向中高端产业转换升级、劳动密集型产品出口增长8.9%，占出口总值的17.9%；机电产品是中国第一大贸易产品，总额20.66万亿元，增长2.5%，占进出口总值的49.1%。其中，太阳能电池、锂电池和汽车增速较快，出口分别增长67.8%、86.7%和82.2%，中国出口新动能逐步壮大。进口产品中，原油、天然气和煤炭等能源产品合计进口3.19万亿元，增长40.9%，占进口总值的17.6%；农产品进口1.57万亿元，增长10.8%，占进口总值的8.7%。

第二，高基数效应叠加外需下滑等因素，出口增速边际回落。2022年12月出口同比 -9.9%，较11月跌幅扩大1个百分点。分季度来看，2022年各季度出口增速分别为15.5%、12.4%、10.3%和 -6.5%，增速逐月下行明显。出口增速下滑的原因主要有，一方面，前期中国产业链复苏较快，出口得以享受疫情窗口期，保持高速增长并形成较高基数，可能逐渐出现高位回落。特别是随着世界多个经济体疫情也得到控制，产业链和生产能力恢复，对中国出口份额可能形成挤压。另一方面，世界多个经济体经济景气度下滑，外需有所回落。摩根大通全球综合PMI自8月以来已连续5个月低于荣枯值，世界经济论坛发布的《首席经济学家展望》调查报告显示，三分之二的首席经济学家预计2023年将出现全球性经济衰退，世界银行下调展望2023年全球GDP增速预测，估计将降至1.7%。世界经济面临衰退，乃至滞胀风险，需求回落或将对中国出口形成下拉。

7. 金融运行保持平稳，持续支持实体经济

第一，金融市场运行平稳，十年期国债到期收益率震荡运行。2022年，中国克服多重超预期风险，顶住"三重压力"，金融市场保持平稳运行。全年债券市场共发行各类债券61.9万亿元，同比基本持平，余额144.8万亿元，同比增长11.3万亿元。其中，国债

发行9.6万亿元，同比增幅达44.3%；地方债余额34.9万亿元，成为债市第一大券种。国债和地方债成为财政政策与货币政策的良好结合点，实现了金融财政协调，支持地方经济建设、民生保障，对冲经济下行风险。现券市场成交量281.6万亿元，较上年同期增长超29.3%，再创历史新高，金融市场价格发现、资源配置功能进一步提升。票据市场承兑贴现余额同比增长，中小微企业家数占比达90%以上。2022年权益融资保持平稳，北上深三大交易所权益融资总金额约1.47万亿元，涉及1022家（次）上市公司首发上市和再融资。其中，IPO融资额约0.59万亿元，再融资额合计约0.88万亿元。十年国债收益率运行与基本面预期、资金面松紧和政策面情况相适配，及时映射地缘政治、村镇银行风波、地产断贷事件、理财赎回等突发事件的金融信号，全年在2.58%至2.92%之间震荡运行，年末收益率2.84%，同比上行6个基点。

第二，金融服务实体经济能力稳步提升，支持力度和精准度有所优化。总量来看，2022年，广义货币供应量M2同比增长11.8%，比上年年末高2.8个百分点。金融机构对实体经济的信贷支持有所加强，金融机构对实体经济发放的人民币贷款增加20.91万亿元，同比多增9746亿元；政府债券净融资7.12万亿元，同比多增1074亿元，为财政运行、经济发展提供金融支持；社会融资规模存量同比增长 9.6%，社会融资规模增量为 32.01 万亿元，比上年多增 6689 亿元。分结构来看，持续加大对制造业、科技创新、普惠小微的支持，全年投向制造业的中长期贷款余额、科技型中小企业贷款余额、"专精特新"企业贷款余额、普惠小微贷款余额同比增速均高于各项其他贷款余额增速 12% 以上，普惠小微授信户数为 5652 万户，同比增长 26.8%。实体经济融资成本进一步下降，降低微观主体的债务负担，全年 1 年期 LPR 和 5 年期 LPR 分别下降 15 个基点和 35 个基点；新发放企业贷款加权平均利率为 4.17%，比上年低 34 个基点。房地产金融政策及时调整，发布"金融支持 16 条""第二支箭"等政策，释放积极政策信号，因城施策实施差别化住房信贷政策，落实保交楼专项借款、保交楼贷款支持计划等政策工具，施行改善优质房企资产负债表计划，完善住房租赁金融支持政策，建立健全房地产长效金融政策。银行家调查问卷显示，2022 年年末银行贷款审批指数相比于 2021 年年末增加 6.3，表明银行适度放松贷款审批门槛，加大信贷投放力度；中国金融条件指数显示金融环境处于宽松区间。

第三，金融支持仍需进一步加码，重视城投债等财政金融风险。企业家问卷显示，第一季度工业企业资金周转指数 56.7，虽处于景气区间，但已环比连续

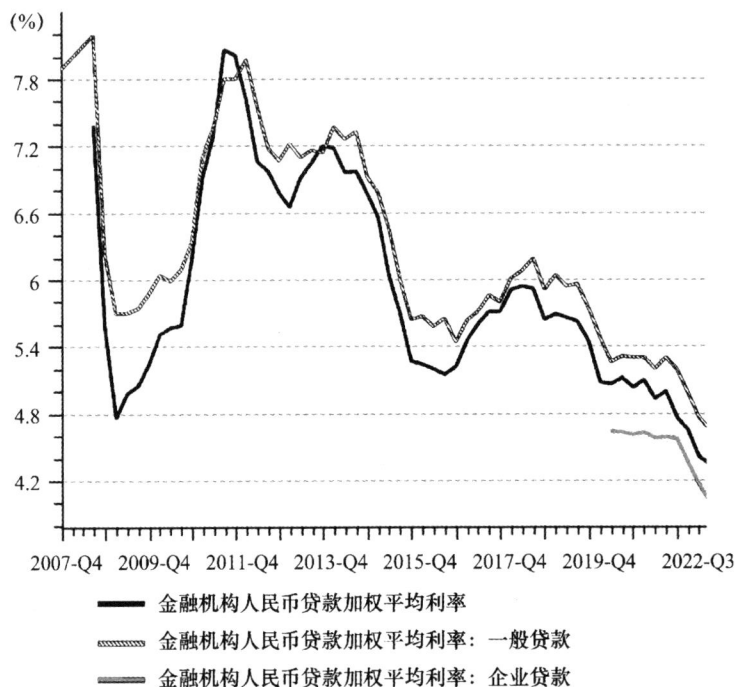

图 4-11　人民币贷款加权平均利率

数据来源：Wind。

4 个季度下滑，资金周转压力边际上升。资金周转状况良好的企业占比为 28.5%，该比重已连续一年下降，且有 15.2% 认为"困难"，为 2020 年年末以来最高值，金融支持仍需加力。此外，年末受理财赎回负反馈影响，企业债券发行走弱，12 月企业债券融资净减少 4887 亿元，同比少 7054 亿元。当前理财赎回负反馈事件仍未完全解决，仍需多方筹措，避免债市波动引发下一次理财赎回，甚至波及债券市场支持实体经济融资。就社融来看，全年数据平稳，但 12 月社融同比回落且低于市场预期，社会融资状况边际有所下行。就存款来看，M2 与 M1 增速差额走阔，居民超额储蓄较多，居民存款上升较快，信贷和消费需求疲软。同时，重视城投债带来的财政风险金融化暴露。一是受 11 月以来理财"负反馈"赎回影响，2023 年理财规模增量可能放缓，导致配置城投债的资金减少，城投债融资接续的压力增大。二是受房地产下行、土地出让金减少、财政收支缺口增大等因素影响，地方财政压力较大，对城投的支持力量可能减弱。三是在当前严控隐债的政策背景下，城投平台政策只保接续、严控增量，城投难以大规模融资。

8. 就业形势在下半年边际向好，仍需各项政策呵护就业信心

疫情冲击、"三重压力"叠加等影响对 2022 年就业形势形成一定拖累，全年城镇新增就业 1206 万人，同比减少 5.0%，但仍明显高于政府预期目标。12 月全国城镇调查失业率平均值为 5.5%，较 2021 年上升 0.4 个百分点，与政府预期目标相符。其中，16—24 岁人口调查失业率为 16.7%，同比上升 2.4 个百分点。随着疫情防控政策逐步调整，多项惠企利民的微观政策和总量刺激的宏观政策明显发力，宏观经济大盘逐渐企稳，就业形势边际向好。12 月城镇调查失业率环比 11 月下降 0.2 个百分点，16—24 岁人口调查失业率

自 8 月以来持续下行，12 月较 7 月峰值下降 3.2 个百分点。受上半年疫情暴发和多地管控等影响，百度搜索指数"找工作"在 3、4 月份攀升至年内峰值，随着疫情形势逐步好转，该指数在下半年整体呈现下行趋势。与百度指数相印证，就业市场景气指数（CIER）在第二季度达到年内低谷，第三季度则环比上升。从就业质量来看，就业人员平均工作时间全年呈上升态势，12 月约 48 小时，与 2021 年持平。

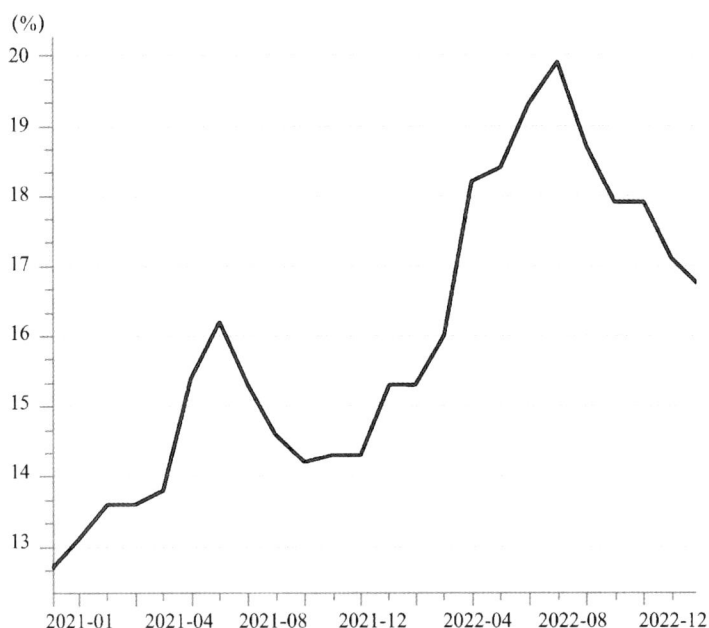

图 4-12　中国就业人员调查失业率（16—24 岁）

数据来源：Wind。

值得注意的是，随着经济逐步复苏，就业将随之好转，但当前居民就业信心依然不足，仍需各项政策持续呵护。央行问卷调查显示，未来收入信心指数在第四季度仍处于收缩区间，12月数值环比11月有所下降，认为就业难、就业形势严峻的储户占比上升至49.1%，为2013年9月以来有历史数据的最高位；就业人员PMI就业人员分项指标全年均处于收缩区间，且数值自9月以来持续向下。

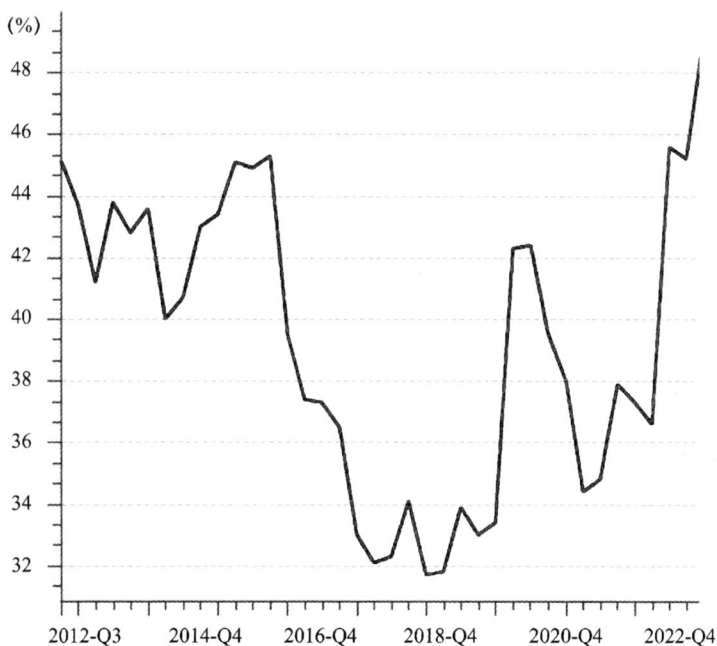

图4-13　央行调查显示"认为就业难、就业形势严峻"的储户占比

9. 通胀水平回落可控，但需关注需求拉动不足的风险

第一，中国CPI始终保持在合理区间，顶住了国外通胀高企带来的输入型通胀压力。2022年，世界多个主

要经济体爆发了数十年来的最高通胀，但得益于粮食丰收、煤炭和电力供应稳定，中国通胀仍在合理区间运行，全年 CPI 为 2%，涨幅比 2021 年扩大 1.1 个百分点，低于政府预期目标（3%）。其中，食品项和非食品项同比增速分别为 2.8% 和 1.8%，核心 CPI 为 0.9%。分具体细项来看，物价增幅较多主要是交通工具用燃料（20.9%）、鲜果（12.9%）、蛋类（7.2%）、食用油（5.8%），对 CPI 形成下拉的主要细项有猪肉（−6.8%）、羊肉（−3.7%）等，其余分项物价变动较小。从高频数据来看，猪肉平均批发价和 22 省市生猪批发价自 2022 年 10 月下旬以来较快回落，当前仍在继续下探，猪粮比价也降至历史较低位置。从全年来看，物价呈现出先涨后降的趋势，第一、第二、第三、第四季度同比分别上涨 1.1%、2.3%、2.6%、1.8%，与猪肉价格运行态势有较强相关性；核心 CPI 各月同比涨幅在 0.6%—1.2% 之间，运行较为平稳。从年末看，12 月 CPI 为 1.8%，环比增长 0%。食品项保持正贡献（环比增长 0.5%），主要拉动力为鲜菜（环比增长 7.0%）和鲜果（环比增长 4.7%）；主要拖累为猪肉价格（环比下降 8.7%）。非食品项环比增长 −0.2%，同期国内汽油和柴油价格环比增长 −6.1% 和 −6.5%。值得注意的是，2022 年受疫情影响，服务消费需求偏弱，服务类 CPI 为 0.8%，同比回落 0.1 个百分点。但随着疫情防控进入新阶段，消费场景重建，经济复苏节奏加快，部分物价已有所回升，如交通工具使用和维修项的 CPI 环比增速自第四季度以来逐月加快，9—12 月分别为 0.2%、0.4%、0.6%。

第二，石油等能源价格逐步回落，PPI 逐步回落降低中下游企业成本压力。2022 年 PPI 为 4.1%，同比回落 4 个百分点。从全年来看，第一、第二、第三、第四季度同比分别为 8.7%、6.8%、2.5% 和 −1.1%。PPI 回落得益于输入性价格传导，尤其是国际原油、天然气、铜等大宗商品价格先后高位回落。具体来看，下半年以来 Brent 原油现货价和 WTI 原油现货价自峰值回落，年末价格为 81.4 美元/桶和 80.3 美元/桶，较年中高位下降幅度超 30%，较年初价格上涨幅度仅有 2.8% 和 4.3%。受原油价格回落影响，煤炭价格保持平稳，环渤海动力煤指数在 730 元/吨左右运行，为中国能源稳定和价格平稳提供有力支撑。锌、铅、铜、铝、镍、锡等有色金属 LME3 月期货官方价年内自第二季度以来也呈现高位回落特征，年末价格分别较年初有所下跌。PPI 回落增强了中国货币政策灵活适度的空间，并减少了上游原材料价格高企压力，有望缓解中下游企业成本压力。

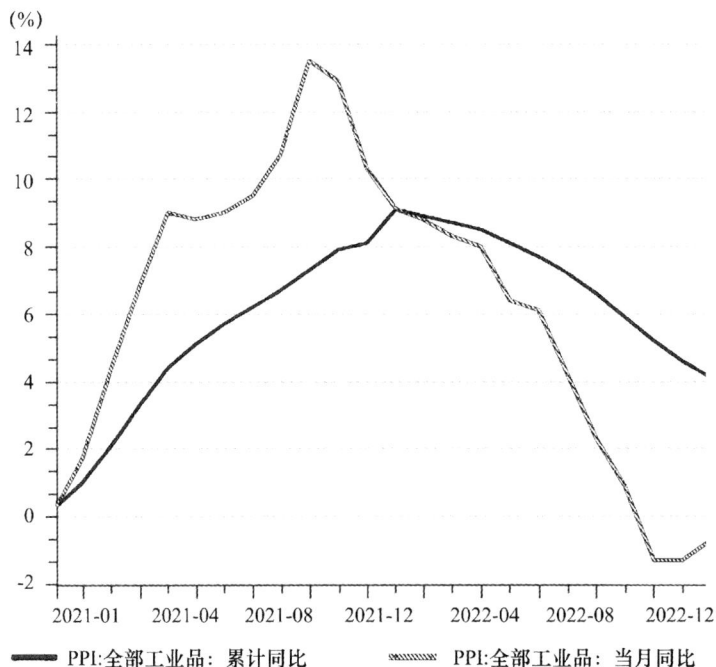

图4-14　2021—2022年中国PPI同比增速

数据来源：Wind。

第三，全社会通胀水平较往年降低，重视内需不足仍是当前突出矛盾。GDP平减指数为2.24%，同比下降2.36个百分点，第一、第二、第三、第四季度平减指数分别为3.41%、2.98%、1.76%和0.56%。分产业来看，第一产业平减指数由负转正，回升2.4个百分点至1.98%。第二产业和第三产业平减指数逐季回落至3.09%和1.6%，较2021年分别下滑5.21个和1个百分点，显示第二、第三产业需求有所下滑。物价升高主要由第二产业贡献，其中工业和建筑业平减指数分别为3.71%和0.37%。第三产业物价增速不及第一产业和第二产业，反映第三产业需求疲软较为显著。第三产业中，房地产业、住宿和餐饮业平减指数仅有0.74%和1.38%，主要反映房地产下行和接触型服务业受挫，交通运输业、批发和零售业、金融业平减指数分别为3.41%、3.04%和1.51%。

三　财政政策加力提效，稳定宏观经济大盘

1. 减税降费力度显著，公共预算收入平稳增长

2022年，中国推进一系列组合式减税降费政策，兼顾制度性减税与阶段性措施，"减、退、缓"多重措施并用，实施大规模增值税留抵退税政策，全年新增减税降费和退税缓税缓费达4.2万亿元，其中增值税留抵退税约2.4万亿元。在减税降费政策背景下，近年来GDP增速持续高于财政收入增速，财政收入和税收收入占GDP的比重结束了自1994年分税制以来的上升态势，2022年两个比重分别为17%和14%，近五年累计下降4个和3个百分点。

受减税降费、地产下行、经济复苏偏弱等因素影响，全国税收收入166614亿元，同比下降3.5%，扣除留抵退税因素后增长6.6%。其中，国内增值税48717亿元，比上年下降23.3%，扣除留抵退税因素后增长4.5%；受6月起对部分乘用车减半征收车辆购

置税影响，车辆购置税下降31.9%，土地和房地产相关税收①多数下滑，整体减少7.6%。

2022年下半年以来，经济有所好转，税基有所恢复，减税降费带来的"放水养鱼""水多鱼多"良性循环逐步构建，多种税种整体实现同比增长，国内消费税、企业所得税、个人所得税、进口货物增值税和消费税等分别增长20.3%、3.9%、6.6%、15.4%，部分对冲了其他税收下滑影响。第四季度以来，财政

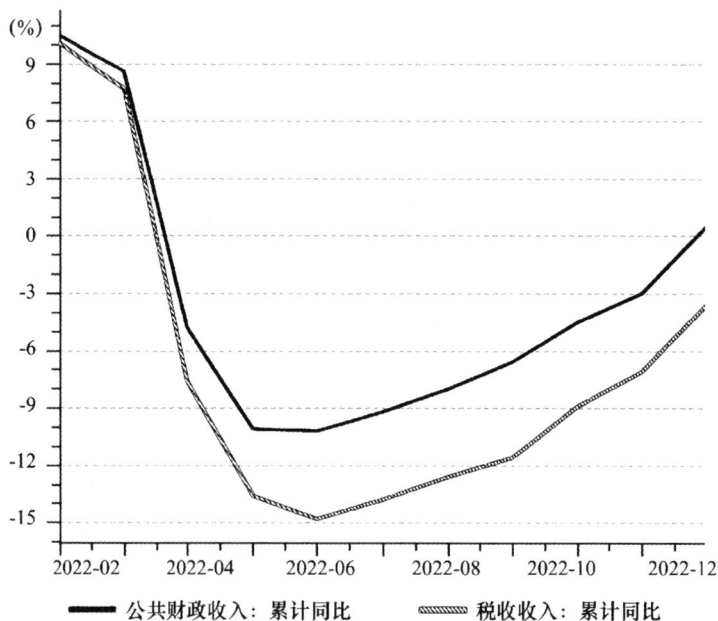

图4-15　2022年下半年以来公共财政收入与税收收入

数据来源：Wind。

---

① 土地和房地产相关税收包括契税、土地增值税、房产税、耕地占用税、城镇土地使用税。

收入连续三个月大幅抬升，其中，12 月财政收入同比大幅增长 67.7%，税收收入大幅增长 67.3%，显示财政状况逐渐向好。

2022 年全国非税收入 37089 亿元，同比增长 24.4%，发挥补位作用，巩固财政收入平稳运行。其中，中央非税收入增长 96.5%，主要是特定国有金融机构和专营机构上缴利润入库、原油价格上涨带动石油特别收益金专项收入增加等因素贡献，特别是央行向财政上缴万亿元结存利润，切实助力可用财力增强。地方非税收入增长 17.8%，受益于地方多渠道盘活闲置资产，以及与矿产资源有关的收入增加。

整体来看，2022 年全国一般公共预算收入 203703 亿元，同比增加 0.6%，实现平稳回升，扣除留抵退税因素后增长 9.1%，站稳 20 万亿元大关。其中税收收入占比 82%；非税收入占比 18%，维持多渠道筹集，并以税收为主。

2. 保持适当财政支出力度，发挥财政政策逆周期调节作用

2022 年，全国一般公共预算支出 260609 亿元，比上年增长 6.1%，较上年同期高 5.8 个百分点，为 2020 年疫情暴发以来最高增速，为教育、科技、社会保障、卫生健康、交通运输等国民经济重要行业提供重要的资金来源，保障了国家各项政策战略的落地实施，充分发挥逆周期调节作用。财政支出具备时滞较短、针对性更强、实施机制直接有效等特点，是"立竿见影"稳定宏观短期需求的手段。同时，地方财政支出力度进一步凸显，地方一般公共预算支出 225039 亿元，比上年增长 6.4%，增速较中央高出 2.5 个百分点。

在总量力度增大的同时，优化财政支出结构，加大对重点领域和薄弱环节的支持力度。一方面，坚持有保有压。严格控制"三公"经费，压减一般性支出等措施缓解财政收支缺口压力，为财政政策腾挪空间；同时增加民生支出，推进基本服务均等化和地区间财力均衡，增强实体经济后劲。2022 年社会保障和就业支出、教育支出、卫生健康、交通运输支出分别增长 8.1%、5.5%、17.8% 和 5.3%；转移支付金额连续三年在 8 万亿元以上。另一方面，发挥财政政策精准直达和结构调整功能，推动经济高质量发展。加大财政科技支出和全国研发经费投入，促进创新驱动发展，支持高水平科技自立自强。坚持绿水青山就是金山银山，提高国家财政环境保护支出，安排中央财政专项资金用于大气污染、水污染和土壤污染防治，十年来累计安排中央预算内投资 1000 多亿元支持环境基础设施建设，推动经济绿色转型。将中央财政专项扶贫资金调整为中央财政衔接推进乡村振兴补助资金，为巩固脱贫攻坚成果、推进乡村振兴提供持续保障，切实防范规模性返贫，加大产业扶持和就业保障，补齐农村经济发展短板。

同时，保持适度财政赤字，用足用好政府债券。2022年，政府债券共发行17.0万亿元，创历史新高，同比增长20%，其中国债发行9.6万亿元，同比增长44.3%；地方政府债发行7.4万亿元，同比基本持平。政府债券余额60.1万亿元，净融资约7.1万亿元，占社会融资比重约22.3%，是中国债券市场第一大券种，成为财政政策与金融政策的重要结合部。作为财

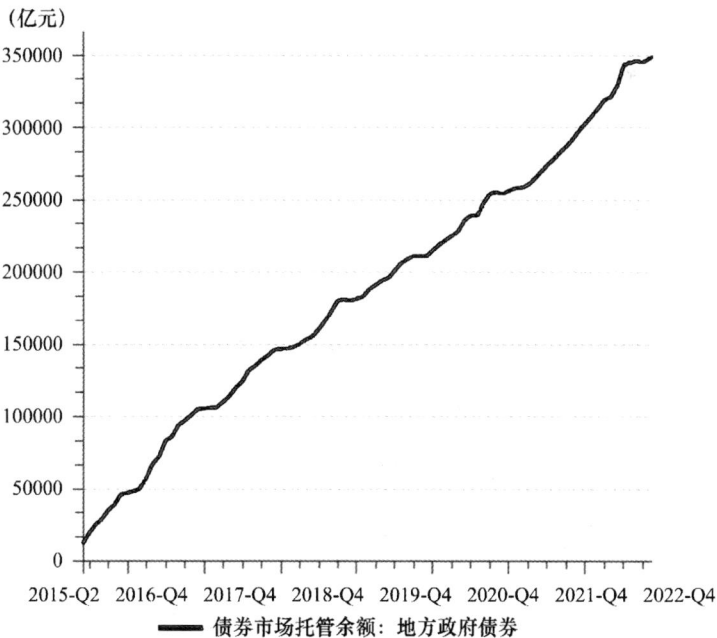

图4-16 地方政府债券余额

数据来源：Wind。

政政策的有力工具，政府债券为交通基础设施、市政和产业园区基础设施、农林水利、生态环保、能源、民生服务、保障性安居工程等领域提供重点支持，部分资金直达区县级项目，为补齐经济发展短板、增强地方经济发展后劲、惠及社会民生发挥了重要作用。

3. 严防地方财政风险，增强财政可持续能力

一是要重视房地产风险波及财政，尤其是对地方财政的冲击。土地出让收入和房地产相关税收占地方综合财力的将近一半。2022 年，国有土地使用权出让收入 66854 亿元，比上年下降 23.3%；契税 5794 亿元，比上年下降22%；土地增值税 6349 亿元，比上年下降 7.9%。土地相关收入下滑导致地方财政压力增大，并导致部分依靠盘活土地创收的城投平台债务风险上升。要加强住建、财政、金融、土地等多个部门的协调配合，引导房地产业良性发展。强化中央对地方转移支付的风险化解功能，建立健全财政风险预警与防范机制，"以时间换空间"保障地方财政新旧动能的平稳接续，着力支持引导地方转变经济发展模式，壮大新经济与新产业，培育涵养新型税基，降低"土地财政"依赖。

二是要切实防范城投平台违规举债导致的隐性债务风险。2022 年城投平台发行债券 4.84 万亿元，发行

规模同比有所下降，净融资 1.1 万亿元，年末余额 13.5 万亿元[①]。虽然城投平台尚未在债券市场违约，但非标、信贷违约、展期等时有发生。要加强与金融系统、地方政府的协同，分类分档规范城投平台融资管理，对城投平台加强行政管理，完善信息披露的市场约束作用，逐步推动城投平台向市场化转型，与地方政府信用脱钩。以地方政府债券作为"前门"置换违规举债的"后门"，实现隐性债务显性化，对隐性债务"遏增量、化存量，强监管、严追责"，推进化解地方政府债务风险，规范地方举债行为，增强财政可持续性。要严防城投债务违约导致系统性风险，在严控城投债务增量的同时，重视金融市场波动监控，保持现有债务合理接续，逐步化解存量债务风险。

四　2023 年全球和中国宏观经济展望

1. 全球经济面临衰退风险，通胀水平回落但仍有反弹风险

当前，世界经济处于不平衡不稳定状态，疫情反复、通胀高企和地缘冲突等因素相互交织，加息狂潮打击投资需求并加剧债务高企下的金融市场脆弱性，同时还面临全球不平等加剧、民粹思潮激荡、贸易保

---

① 城投债数据为 wind 统计。

护主义抬头等政治、社会、经贸风险。美欧等经济衰退和新兴市场国家增速下滑将拖累世界经济增长，中国经济复苏将成为支撑世界经济的重要力量，预计2023年世界经济增速降至2%左右水平。

世界银行2023年1月发布的《全球经济展望》下调了对大多数国家和地区的经济增长预测，全球经济发展面临的危机正在加剧，预测2023年和2024年全球经济增速为1.7%和2.7%，分别较2022年年中预测下调1.3个和0.3个百分点，95%的发达经济体和近70%的新兴市场和发展中经济体的2023年增长预测都较前有所下调。

分区域来看，世界银行预计2023年发达经济体的增幅将从2022年的2.5%降至0.5%；美国经济增速将降至0.5%，将会是近50年来美国经济增长表现最差的年份之一。欧元区增长率为零；除中国以外的新兴市场和发展中经济体的增长率预计将从2022年的3.8%降至2023年的2.7%。联合国于1月下旬发布的《2023年世界经济形势与展望》也预测2023年世界经济增长将从2022年的约3%降至1.9%，并认为发达经济体与新兴市场同时面临衰退风险。

市场对全球经济的信心明显下降，世界经济论坛发布的《首席经济学家展望》调查报告显示，三分之二的私立和公共机构首席经济学家预计，欧洲和美国

2023 年将进一步收紧货币政策，地缘政治紧张局势将继续影响全球经济，2023 年将出现全球性经济衰退，欧洲经济前景萧条，美国经济增长前景疲软。

通胀水平方面，国际货币基金组织预测 2023 年全球通胀为 6.6%，较 2022 年回落 2.2 个百分点，并将于 2024 年进一步回落至 4.3%，但仍高于疫情前（2017—2019 年）约 3.5% 的水平。但考虑到疫情仍未完全消退，病毒变异可能导致供应链再次受到冲击，叠加地缘政治冲突可能加剧演变，引发全球市场格局变化，通胀仍有回升风险。

2. 中国经济有望反弹式回升，预计经济增速有望达到 5.5%

综合考虑各地政府政策目标、疫情防控政策优化调整有利于经济复苏、政策呵护助力地产企稳、各项政策优化延续并且效果逐渐显现、2022 年经济低基数效应等多方面因素，并结合中国潜在经济增长率仍在 5.5%—6.5% 左右的判断[1]，如无"黑天鹅"等事件发生，预计 2023 年中国经济增速有望恢复至 5.5%，实现疫情以来 2020—2024 平均增速 4.7% 左右。

---

[1] 国家统计局新闻发言人就 2022 年上半年国民经济运行情况答记者问时表示，"关于中国经济潜在增长率，很多机构和学者都进行了测算，测算结果有一定的差异。总的来看，多数结论认为，现阶段中国经济潜在增长率大概在 5.5%—6.5% 之间"。

全国 31 省市公布了 2023 年 GDP 预期，在 4.0%
至 9.5% 之间，中位数约 6%，均值为 5.95%，多数目
标不低于 5%，按照过往 GDP 权重计算全国 GDP 大致
在 5.5% 左右。国际组织对中国经济增速预测相对保
守，但在对世界经济的悲观预期中已显得"一枝独
秀"。联合国发布的《2023 年世界经济形势与展望》
预测 2023 年中国经济增速为 4.8%，高于全球经济增
速 2.9%；世界银行预测为 4.3%，高于全球经济增速
2.6%。金融市场对中国经济增速预期大都高于 5%，
高盛和摩根斯坦利分别预测中国 2023 年经济增速为
5.2% 和 5.4%，中金公司、中信证券和华泰证券分别
预测为 5.5%、5% 和 6.2%。

表 4 - 2　　　　　　　不同机构对中国 2023 年 GDP 增速预测

国际组织	增速预测	外资机构	增速预测	中资机构	增速预测
联合国	4.8%	高盛	5.2%	中金公司	5.5%
世界银行	4.3%	摩根斯坦利	5.4%	中信证券	5.0%
国际货币基金组织	5.2%	花旗银行	5.7%	华泰证券	6.2%

当前，助推经济反弹式回升的积极性因素较多。
第一，随着疫情防控进入新阶段，线下聚集难、消费
场景少等制约条件将明显减少，经过短暂的疫情居家
后，消费将明显反弹，社会商业流通将明显恢复，餐
饮业、旅游业、娱乐业等迎来曙光。第二，中国政府

再次强调房地产是国民经济支柱产业，金融、住建、地方政府等多部门政策相继调整，房地产业对经济的下拉将逐步收敛。随着房地产业边际回暖，地产上下游行业有望逐步企稳。同时，地产作为金融体系信用创造的重要媒介，地产企稳也将有利于金融风险平稳可控。在疫情暴发前，第三产业对经济增速贡献率已连续多年维持在50%以上，在疫情较为严重的2020年和2022年，消费下滑叠加地产下行，该贡献率则分别下滑至46.3%和40.7%。综合消费转暖和地产企稳两方面因素，2023年第三产业将继续发挥经济增长的支柱作用，贡献率有望"均值回归"，在2022年基础上升至少10个百分点。第三，前期政策效果将逐步显现，后续政策将持续发力。中国坚持实施稳健的货币政策，M2增速维持相对高位，并发挥结构性货币政策作用，加强重点领域和薄弱环节的支持力度；财政政策加力提效，不断提升总量支持力度和资金使用精准度。基础设施投资持续发力，增速维持高位，制造业投资高于制造业GDP增速，为后续经济增长奠定动能基础。减税降费相继优化，放水养鱼效果逐渐显现，伴随消费复苏和经贸往来正常化，规模市场优势将逐步凸显，内需潜力充足。产业政策取得实效，先进制造业增速处于相对高位，新业态、新经济等经济增长新动能持续强化，光伏、新能源车等产业赛道取得

"弯道超车"效果。第四，2022 年经济增长低于潜在经济增速和社会预期，导致经济基数相对较低，基数效应将对 2023 年经济数据形成一定支撑。同样由于基数效应，明年第一季度经济数据可能还会较低，但第二季度可能出现大幅反弹，全年有望明显回升。

同时，影响经济复苏的风险也不容忽视。一是疫情反复风险仍然存在，尤其是疫情带来的长期影响仍未消退，消费者信心疲软，消费倾向有待进一步提高，内需激发依旧不足。二是房地产业政策持续发力，优质房企融资边际好转，但是房地产业销售仍未好转，显示房地产业自身造血能力仍未复原，完全企稳仍需一段时间。三是民间投资活力不足，政府主导型产业投资和基建投资虽能一定程度补位，但仍需激发民营企业活力，鼓励、保护、支持民营经济发展。四是经济动能转换时期的经济下行阵痛依旧存在，疫情一定程度干扰了原有经济发展脉络，仍需进一步推进中国经济供给侧改革，协同扩大内需政策，推进中国产业升级，不走过往粗放式经济增长老路。五是当前地方财政可持续压力较大，城投债务风险较高，叠加金融市场波动、严控隐性债务等因素，城投企业融资接续的压力较大，地方财政问题在金融市场暴露的风险较高。

3. 中国通胀风险不高，适当提高通胀容忍度

当前，有部分观点认为 2023 年中国通胀风险较高，但通胀回升幅度实际上取决于内需恢复与外需回落的力度对比。结合当前经济形势，不宜过高估计 2023 年通胀水平。当前中国内需复苏力度仍不牢固，叠加欧美经济衰退导致的外需回落，内需复苏与外需回落的力度差异可能导致产出缺口依旧存在，需求不足仍然是突出矛盾，难以拉动物价，通缩风险不容忽视。

需要正视可能助推通胀的积极因素，积极扩大内需，稳定外需，适当提升通胀容忍度。一是 2022 年通胀基数较低，为货币政策预留了较为充足的空间。二是当前猪粮比价已降至历史较低区间，结合"猪周期"特征，2023 年猪肉价格回升余地较大，属于正常的均值回归波动。三是要多措并举助力 2023 年中国经济复苏加快，允许需求拉动一定程度的物价抬升，并做好保供工作，避免物价过热。经济复苏着力点主要在扩大内需和稳定外贸两个方面。内需层面，要加力扩消费，如帮扶中小企业和个体户纾困，落实大宗消费政策，促进接触型消费恢复，合理增加消费信贷。外需层面，要正视 2023 年全球经济衰退背景下，进出口可能周期性回落，要努力稳定外贸，如恢复国内线

下展会，支持企业出境参展，落实出口退税、信贷、信保等政策，稳定人民币汇率，支持跨境电商，积极吸引外资等。

结合世界经济史来看，适当可控的通胀比陷入通缩是更为适宜的选择。以日本经验教训为诫，日本社会习惯通缩预期后，一旦商品提高价格，消费者因对物价敏感，将转向替代品。日本市场形成了"不改变价格标签"的惯例，甚至形成了"零通胀规范"。以经济学术语来看，日本出现拐折需求曲线，即物价的小幅上升将导致需求量的大幅减少，而物价降低将难以刺激需求量明显增加，这导致部分经济政策的低效乃至无效和社会欲望的降低，是日本经济长期低迷的重要因素之一。

五　提升政策质效，确保经济运行稳步回升

中央经济工作会议指出，"当前我国经济恢复的基础尚不牢固"，三重压力仍然较大，叠加外部环境动荡不安。虽然明年经济运行有望总体回升，但仍需做好各项工作，提高政策质效，"推动经济运行整体好转"。

第一，优化政策理念，统筹多重政策目标，适应新发展阶段的高质量发展要求。宏观经济政策目标应不局限于宏观经济波动调节，也要兼顾微观调整和结

构调整机能，涉及改革发展、政治安全、社会稳定等多个领域。一方面，财政加力提效，不是单一对冲经济下行压力，而是强调稳增长与防风险并重，统筹逆周期和跨周期调节，确保国家各项政策战略落地实施，回应人民群众真实关切。另一方面，中国进入新发展阶段，粗放式财政管理将会造成无效和浪费。在收入端，合理确定财政赤字水平，完善税制结构和财政收入结构，合理划分央地事权财权。在支出端，聚焦关键节点"精打细算"，在重视总量的同时更加注重结构，切实做好助企纾困，激发经济活力，保持对地方教育转移支付规模，支持健全公共卫生体系和打好蓝天、碧水、净土保卫战，推动经济发展模式变革和经济发展动能转换。

第二，加大政策力度，保持适当的财政支出强度，助力推动2023年经济平稳回升。当前，随着中国疫情防控进入新阶段，多项政策释放利好，中国经济回升预期强烈，长期向好态势明显。但要关注到，中国经济恢复基础仍不牢固，"三重压力"依旧存在，同时还面临国际政治经济形势复杂多变，世界经济可能出现滞胀，国内疫情反复冲击、新旧动能转换尚未完成、地产下行等多种困难。财政政策应保持战略定力，财政赤字率目标可能设在3%或以上。一是适当加大财政支出力度，加大财政四本账统筹协调，综合运用国债、地方债、贴息等政策工具，保持合理财政赤字。二是发挥财政资金尤其是地方债资金的"四两拨千斤"牵引作用，撬动社会资本参与项目建设，构建多元投融资格局。三是完善税费优惠政策，对现行减税降费、退税缓税政策进行延续或优化，实现应急式机制与制度性建设相衔接，增强税费政策与经济发展的适应性，提升税费政策的连续性、稳定性和可持续性。四是推动财力下沉，增强中央对地方转移支付力度，把公共财政资金向低收入者和生活困难人群、困难地区和欠发达地区倾斜，发挥财政资金传导机制灵活，直达微观实体的优越性。

第三，提高政策效能，强调财政支出精准度，提升政策科学性。一是要加强对财政存量资金的统筹力度，避免财政资金"撒胡椒面"，严格落实"资金跟着项目走"，将资金更多投入到重点项目。二是要聚焦主要矛盾和关键环节，加大教育、医疗、环保等民生支出，对中小微企业纾困、科技创新、绿色发展和乡村振兴等予以重点支持，继续压减一般性支出，实施好财政资金直达机制，确保资金直达基层，"花钱花在刀刃上"。三是完善预算绩效管理，提高财政资金使用效率。做好事前、事中和事后评价，提升项目的可行性、合理性、经济性和合规性，借助预算绩效加强投入和产出的关系，做到"花钱必问效，无效必问责"。

四是准确评估现有政策，该延续的延续，该优化的优化，并研究出台新政策，及时发现和调整政策执行偏差。五是要充分发挥大数据、云计算等新兴技术优势，助力财政政策的精细化实施。

第四，发挥货币政策总量和结构的作用，慎用财政赤字货币化、收益率曲线控制等的非常规政策。总量方面，货币政策要为配合财政政策发力营造良好金融环境，并疏通货币政策传导机制的堵点和难点，提高金融服务实体经济能力。结构方面，用好各项支持工具，提高再贷款政策效力，引导金融资源精准直达实体经济。珍惜正常货币政策空间，规避非常规货币政策。以邻国日本为鉴，其先后推出量化质化宽松和收益率曲线控制政策，导致央行不得不购买国债，近年来央行持有国债比重迅速上升，本质上践行了财政赤字货币化实验。同时，日本央行过度干预端收益率，导致国债曲线难以反映市场真实资金供求情况。事实上，收益率曲线控制政策"治标难治本"。国债收益率作为金融市场定价之锚，如同人体核心指标。救助经济如救助人体，应以深入机理、直达实体、改善根基为本，但收益率曲线控制等非常规货币政策却把救助"指标"作为手段，导致政策浮于表面，还导致"指标"作为定价之锚的功能失常，债券市场功能等出现紊乱。

第五，多措并举实现中国式现代化，以邻为鉴，避免重走日本老路。日本曾经济实力排序全球第二，同处儒家文化圈，并面临老龄化等问题，与中国存在若干相似之处，但中国仍是发展中国家，要坚决避免陷入"日本式"停滞。一是日本鼎盛时期 GDP 达到美国 GDP 的 70%，当前中美 GDP 比值也大致在此水平，面临美国为维持绝对地位而施加的政治、产业、科技、金融等多重压力，中国仍需坚持创新驱动和自立自强，发挥中国超大规模市场优势，实现中华民族伟大复兴。二是日本经济走弱始于房地产泡沫破裂，而中国当前房地产风险也仍在解决过程中，要维持房地产业良性循环，避免硬着陆。三是日本进入老龄化和少子化社会，社会消费欲望走低，消费潜力走弱，中国应鼓励生育，降低养育、教育成本，同时提升居民收入，持续扩大内需。四是日本债务水平高居世界第一，中国应严控政府隐性债务，避免杠杆率持续走高。五是日本过于依赖宽松货币政策，在财政货币协调机制上践行财政赤字货币化，货币政策面临多重制约而效力减弱，中国应杜绝货币政策依赖，综合发挥财政政策效力，持续推进经济深层次改革，激发经济内生活力。

（执笔人：闫　坤　张晓珉）

参考文献

(按季度顺序)

国际货币基金组织（IMF）：《世界经济展望》，2022年4月。

世界经济论坛（WEF）：《2022全球风险报告》，2022年1月。

闫坤、张晓珉：《应对需求收缩，加强财政货币政策联动》，《经济参考报》2022年2月22日。

闫坤、张晓珉：《统筹跨周期和逆周期调节，确保宏观政策稳健有效》，《中国财经报》2022年3月15日。

Kilian，L.，& Zhou，X.（2021），"The impact of rising oil prices on US inflation and inflation expectations in 2020－23"，Available at SSRN 3977339.

闫坤、刘诚：《特别国债的时机、用途及预算管理》，《中国财政》2020年12月。

闫坤、汪川：《统筹把握宏观政策的连续性稳定性可持续性》，《经济日报》2021年1月22日。

Bayer C.，Luetticke R.，Pham-Dao L.，Tjaden V.，"Precautionary savings，illiquid assets，and the aggregate consequences of shocks to household incomerisk ［2019］", *Econometrica*, 2019, Vol. 87, No. 1.

Challe E., Matheron J., Ragot X., Rubio-Ramirez J. F., "Precautionary saving and aggregate demand", *Quantitative Economics*, 2017, Vol. 8, No. 2.

McKinsey Global Institute, "China and the World: Inside the Dynamics of a Changing Relationship", July 2019.

连俊:《多机构示警全球经济可能衰退》,《经济日报》2022 年 10 月 11 日。

刘诚:《以稳外资助力稳增长和高质量发展》,《中国财经报》2022 年 6 月 14 日。

宋国友:《全球链变及其对东南亚的影响》,《南洋问题研究》2022 年第 1 期。

孙颖妮:《超预期回升,三季度 GDP 增速扩大至 3.9%》,《财经》杂志微信公众号,2022 年 10 月 24 日。

伍戈:《经济,倚赖确定性》,财新网,2022 年 10 月 20 日,https://opinion.caixin.com/m/2022 - 10 - 20/101953676.html。

邢予青:《越南:全球价值链重构的幸运儿》,FT 中文网,2022 年 10 月 10 日。

国际货币基金组织(IMF):《世界经济展望》,2022 年 10 月。

世界银行：《伴随着加息，2023 年全球经济衰退的风险上升》，2022 年 9 月。

中国欧盟商会：《碳中和：欧洲企业助力中国实现 2060 愿景》，2022 年 5 月。

中国欧盟商会：《商业信心调查 2022》，2022 年 6 月。

中国欧盟商会：《欧盟企业在华建议书 2022/2023》，2022 年 9 月。

中国商务部网站：《世行预测 2022 年越南 GDP 增长率达 7.5%》，2022 年 8 月 9 日，http：//hochiminh. mofcom. gov. cn/article/jmxw/202208/202208033392 73. shtml。

世界银行（WB）：《全球经济展望》，2023 年 1 月。

国际货币基金组织（IMF）：《世界经济展望》，2023 年 1 月。

世界经济论坛（WEF）：《首席经济学家展望》，2023 年 1 月。

联合国：《2023 年世界经济形势与展望》，2023 年 1 月。

闫坤、刘诚：《以扩大内需增强发展内生动力》，《经济日报》2023 年 1 月 11 日。

闫坤、张晓珉：《巩固深化成果，提升政策效能》，《中国财经报》2023 年 1 月 17 日。

《出口关注！今年前三季度中国出口汽车量，跃居世界第二!》，搜狐网，2022 年 10 月 24 日，https：//www.

sohu. com/a/594864295_ 120465227。

《华尔街"最悲观"银行：为遏制通胀 预计美联储或加息到近 5%》，腾讯网，2022 年 9 月 19 日，https://new. qq. com/rain/a/20220919A06H8S00。

《国际货币基金组织总裁呼吁：各国央行须坚持不懈抗击通胀》，腾讯网，2022 年 9 月 17 日，https://new. qq. com/rain/a/20220917A00CAK00. html。

《越南 2022 年经济预计增长 8%，超过官方目标》，每日经济网，2022 年 10 月 16 日，https://cn. dailyeconomic. com/2022/10/16/35774. html。

《中国新能源汽车前三季度产销超越去年全年》，中国产业经济信息网，2022 年 10 月 13 日，http：//www. cinic. org. cn/hy/yw/1365824. html。

Korinek A. , and J. Stiglitz, "Macroeconomic Stabilization for a Post-Pandemic World: Revising the Fiscal-Monetary Policy Mix and Correcting Macroeconomic Externalities", Working Papers, 2022.

World Bank Group. Poverty and Shared Prosperity 2022. October 2022. https://www. worldbank. org/en/publication/poverty-and-shared-prosperity.

闫坤（曾用名：阎坤），女，1964年生，经济学博士、管理学博士后，曾多次赴日本、美国、法国、德国讲学。主要研究领域是宏观经济与财政理论。现任中国社会科学院日本研究所党委书记、二级研究员、博士生导师。中国社会科学院城乡发展一体化智库副理事长、全国日本经济学会副会长、中国财政学会常务理事、"新世纪百千万人才工程"国家人选，享受国务院政府特殊津贴专家。

近年来，多次承担国家社会科学基金课题和中国社会科学院重点课题，已出版专著《中国县乡财政体制研究》等6部，合著《公共支出理论前沿》等20余部，在《中国社会科学》《经济研究》《管理世界》等学术杂志上发表论文200余篇，并荣获第五次全国优秀财政理论研究成果一等奖、第二届全国青年优秀社会科学成果论文奖、中国社会科学院第二届、第十届优秀科研成果奖、财政部优秀论文一等奖、2015年度邓子基财税学术论文一等奖、财政部"中国财政与改革开放30年征文"专题论文奖一等奖等多种奖项。